# Berdiri Tegak untuk Bangsa-Bangsa

## 320 Poin Doa Strategis untuk Tujuh Gunung Pengaruh

## Doa Syafaat Selama 40 Hari untuk Gereja, Para Pemimpin, dan Penegahan Kerajaan Allah di Seluruh Bangsa

Seri Memobilisasi 10 Juta Pendoa Syafaat untuk Bangsa-Bangsa | 2

Oleh

Zacharias Dewa Laut ;
Saya . MO Ogbe ;
C . Nyonya Ogbe ;

Table of Contents

# HAK CIPTA © HALAMAN

**Berdiri Tegak untuk Bangsa-Bangsa**
**320 Poin Doa Strategis untuk Tujuh Gunung Pengaruh - Doa Syafaat Selama 40 Hari untuk Gereja, Para Pemimpin, dan Penegahan Kerajaan Allah di Seluruh Bangsa**

**Seri Memobilisasi 10 Juta Pendoa Syafaat untuk Bangsa-Bangsa | 2**



**PENULIS**
**Zacharias Godseagle**
**Duta Besar Senin O. Ogbe**
**Comfort Ladi Ogbe**

**PENERBIT**
**Zacharias Godseagle dan Godseagle Ministries**
Diterbitkan oleh: **Zacharias Godseagle**
Hubungi kami - https://www.otakada.org
ambassador@otakada.org
Telp/SMS +13024922440;
WhatsApp +2348032835348

**PEMBERITAHUAN AYAT ALKITAB**
Kecuali dinyatakan lain, kutipan Kitab Suci diambil dari terjemahan bahasa Inggris yang umum digunakan. Penekanan telah ditambahkan di beberapa tempat untuk kejelasan dan fokus renungan.

**INFORMASI PENCETAKAN**
Dicetak di Amerika Serikat
Edisi Pertama

# Dedikasi

Buku ini didedikasikan pertama dan terutama kepada **Tuhan Yesus Kristus** , Imam Besar abadi yang senantiasa menjadi perantara bagi umat-Nya.

Doa ini dipersembahkan sebagai ungkapan syukur kepada **Roh Kudus** , yang bimbingan, keyakinan, dan kuasa-Nya memungkinkan semua permohonan yang benar.
Saya juga mendedikasikan karya ini kepada banyak orang percaya di seluruh dunia yang dengan setia berdiri di tengah-tengah untuk Gereja dan untuk bangsa-bangsa. Doa-doa Anda, yang seringkali tidak terlihat dan tidak terdengar oleh manusia, diketahui dan dihormati oleh Tuhan.

Terakhir, buku ini saya persembahkan untuk keluarga saya, yang dukungan, kesabaran, dan dorongannya telah mendukung tugas ini selama bertahun-tahun.

Semoga sumber daya ini menguatkan semua yang memikul beban doa dan menginspirasi lebih banyak orang untuk bangkit dan berdiri di celah untuk tujuan Tuhan di bumi.

# UCAPAN TERIMA KASIH

Saya menyampaikan rasa syukur terdalam saya kepada **Allah Bapa, Tuhan Yesus Kristus, dan Roh Kudus** , yang bimbingan, rahmat, dan kuasa-Nya telah menopang tugas doa syafaat ini selama dua puluh tahun terakhir. Tanpa rahmat dan bimbingan-Nya yang terus-menerus, perjalanan ini tidak akan mungkin terjadi.
Saya sangat berterima kasih kepada **keluarga saya** , terutama istri saya, yang kekuatan, iman, dan ketekunannya selama peristiwa yang mengawali perjalanan ini pada tahun 2006 menjadi pintu gerbang yang melahirkan tugas ini. Dukungan dan kesabaran Anda selama bertahun-tahun telah menjadi sumber semangat yang tak henti-hentinya.

Saya juga mengakui banyak **orang percaya dan pendoa syafaat** yang dengan setia telah memikul beban doa bersama saya. Banyak dari individu-individu ini tetap tidak terlihat dan tidak dikenal oleh dunia luas, namun doa-doa mereka sangat penting dalam mempertahankan pelayanan doa syafaat ini untuk Gereja dan bangsa-bangsa.

Saya juga menyampaikan apresiasi kepada para **pendeta, pemimpin gereja, dan pelayanan** yang dengan setia bekerja untuk menjadikan murid dan memajukan Injil Yesus Kristus. Komitmen Anda terhadap pekerjaan Kerajaan Allah terus menginspirasi dan memperkuat tubuh Kristus.

Akhirnya, saya menyampaikan rasa terima kasih kepada semua yang akan berpartisipasi dalam doa bersama ini melalui panduan ini. Semoga Tuhan menguatkan tangan Anda, memperdalam iman Anda, dan memberdayakan Anda untuk berdiri dengan setia di tengah-tengah jemaat dan bangsa-bangsa.

**Duta Besar Monday O. Ogbe**
**Zacharias Godseagle**

# TENTANG BUKU – Berdiri di Celah untuk Bangsa-Bangsa

## 320 Poin Doa Strategis untuk Tujuh Gunung Pengaruh

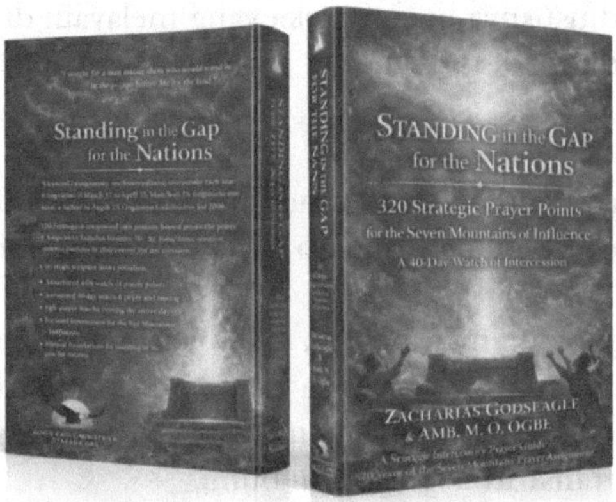


***Doa Syafaat Selama 40 Hari untuk Gereja, Para Pemimpin, dan Penegahan Kerajaan Allah di Seluruh Bangsa***

***Seri Memobilisasi 10 Juta Pendoa Syafaat untuk Bangsa-Bangsa | 2***

Selama lebih dari dua puluh tahun, panggilan kenabian untuk berdoa syafaat telah membentuk tugas doa yang unik bagi Gereja.
Pada tahun 2006, selama masa krisis pribadi yang mendalam ketika istrinya mengalami keadaan darurat medis yang mengancam jiwa di London, **Duta Besar Monday O. Ogbe**

mengalami perjumpaan yang mendalam dengan Tuhan. Pada saat ketidakpastian dan penyerahan diri itu, Tuhan menempatkan mandat yang jelas di dalam hatinya:

**"Doakan Gereja-Ku dan doakan para pemimpin bangsa-bangsa di mana pun mereka berada di wilayah-wilayah yang berpengaruh."**

Dari perjumpaan itu muncullah tugas seumur hidup untuk menjadi pendoa syafaat bagi Gereja dan bagi bangsa-bangsa—khususnya bagi mereka yang melayani di dalam **Tujuh Bidang Pengaruh** :

• Agama
• Keluarga • Pendidikan • Pemerintahan • Media dan Komunikasi • Seni dan Budaya • Bisnis dan Ekonomi

Bidang-bidang ini membentuk nilai-nilai, arah, dan keputusan masyarakat dan bangsa. Ketika orang percaya berdoa secara strategis untuk bidang-bidang ini, mereka berpartisipasi dalam pekerjaan transformasi Allah di bumi.

Dimulai pada **tahun 2006** , masa suci doa dan puasa ini telah dirayakan dengan setia setiap tahun dari **tanggal 17 Maret hingga 25 April** . Apa yang dimulai sebagai tindakan ketaatan pribadi secara bertahap menjadi pengawasan doa syafaat yang berkelanjutan yang dilakukan oleh orang-orang percaya yang berbagi beban untuk berdoa bagi Gereja dan bagi bangsa-bangsa.

Kini, **dua puluh tahun kemudian** , buklet ini telah disiapkan untuk membantu orang lain berpartisipasi dalam tugas yang sama. Buklet ini juga sedang diterjemahkan ke **lebih dari 50 bahasa** , dengan visi untuk memobilisasi gerakan global yang terdiri dari **10 juta pendoa syafaat** . **Jadilah bagian dari gerakan doa syafaat global ini untuk kemuliaan Tuhan.**

Sumber daya ini menyediakan kerangka kerja terstruktur untuk doa syafaat dan mencakup:

**• 320 poin doa strategis berdasarkan Alkitab**
**• 40 hari doa syafaat terfokus**
**• Delapan sesi doa setiap hari**
**• Landasan Alkitabiah untuk transformasi nasional dan budaya**
**• Doa yang ditargetkan untuk Tujuh Bidang Pengaruh**

Doa-doa ini bukan sekadar renungan devosional. Ini adalah **permohonan pemerintahan** —doa-doa yang menyelaraskan Gereja dengan tujuan penebusan Allah bagi para pemimpin, budaya, dan bangsa-bangsa.
Buku kecil ini mengajak umat percaya, pendoa syafaat, kelompok doa, dan gereja-gereja untuk bergabung dalam pengawasan bersama agar:

• Gereja akan bangkit dalam kemurnian, persatuan, dan otoritas rohani
• Para pemimpin di berbagai bidang pengaruh akan mengalami hikmat Allah • Injil akan menjangkau mereka yang belum percaya • Dan Kerajaan Allah akan ditegakkan di antara bangsa-bangsa

Seruan itu tetap sama seperti pada awalnya:
**Berdirilah di celah itu.**
Dan melalui doa yang penuh iman, semoga kehendak Allah terlaksana **di bumi seperti di surga** .

Shalom.
**Zacharias Godseagle**
**Amb . MO Ogbe**
**C. Ladi Ogbe**
Pelayanan Elang Tuhan
https://www.otakada.org
ambassador@otakada.org

# Ulasan Pembaca Awal

## Suara dari Para Pendoa Syafaat

*"Berdiri di Celah untuk Bangsa-Bangsa lebih dari sekadar panduan doa—ini adalah manual strategis untuk tata kelola spiritual. Renungan terstruktur, landasan kitab suci, dan doa-doa yang ditargetkan untuk Tujuh Gunung menjadikan ini alat yang ampuh bagi para pendoa syafaat yang serius."*
*— Pendeta Senior & Pemimpin Kerajaan*

*"Buku ini memuat bobot ketaatan selama puluhan tahun dalam doa. Doa-doanya berani, berdasarkan Alkitab, dan bersifat profetik. Buku ini memperlengkapi orang percaya untuk berdoa melampaui kebutuhan pribadi dan menuju tujuan Allah bagi bangsa-bangsa."*
*— Pemimpin Gerakan Doa Global*

*"Jarang sekali kita menemukan sumber daya doa yang menggabungkan peperangan rohani yang mendalam, doa syafaat untuk kepemimpinan, dan visi Kerajaan Allah yang global. Panduan ini akan membangkitkan tingkat doa yang baru bagi individu dan gereja."*
*— Pemimpin Pelayanan Apostolik*

*"Struktur 40 hari dengan delapan sesi doa setiap hari menciptakan ritme doa syafaat yang disiplin yang menyelaraskan orang percaya dengan rencana surga. Ini adalah sumber daya yang ampuh untuk kelompok doa dan pelayanan."*
*— Direktur Jaringan Doa Syafaat*

*"Perjumpaan penulis dengan Tuhan dan komitmen selama dua dekade terhadap tugas ini memberikan buku ini otoritas yang luar biasa. Buku ini praktis sekaligus sangat profetik."*
*— Mentor Kepemimpinan Kristen*

*"Di saat bangsa-bangsa dilanda kekacauan, Gereja membutuhkan panduan seperti ini yang mengajak umat beriman kembali ke altar doa. Karya ini memperlengkapi tubuh Kristus untuk berdiri di celah secara efektif."*
*— Pemimpin Pelayanan Internasional*

*"Doa-doa dalam panduan ini bukanlah doa biasa atau pasif. Ini adalah doa-doa pemerintahan—pernyataan berani yang berakar pada Kitab Suci yang melepaskan tujuan Allah atas kota-kota dan bangsa-bangsa."*
*— Koordinator Doa Syafaat*

*"Ini adalah salah satu buku panduan doa terlengkap untuk para pendoa syafaat yang pernah saya lihat. Integrasi kerangka Tujuh Gunung dengan sesi doa yang disiplin sungguh luar biasa."*
*— Penulis Kristen & Pakar Strategi Doa*

*"Jika Anda seorang pendoa syafaat, pemimpin gereja, atau bagian dari gerakan doa, buku ini akan menjadi teman setia dalam kehidupan doa Anda."*
*— Pendeta & Pendiri Gereja*

*"Kedalaman Kitab Suci, pernyataan kenabian, dan puasa terstruktur menjadikan ini alat spiritual yang serius bagi mereka yang ingin bermitra dengan Tuhan dalam membentuk masa depan bangsa-bangsa."*
*— Pemimpin Misi Global*

*"Berdiri di Celah untuk Bangsa-Bangsa mengajak orang percaya kembali kepada peran keimaman mereka—untuk berdoa bagi para pemimpin, komunitas, dan budaya agar Kerajaan Allah dapat ditegakkan di bumi."*
*— Pendidik Kristen*

*"Buku ini tidak hanya mengajarkan doa—tetapi juga mengaktifkan doa syafaat. Buku ini akan menginspirasi umat percaya di seluruh dunia untuk bangkit sebagai penjaga bagi Gereja dan bangsa-bangsa."*
*— Fasilitator Gerakan Doa*

# Kata pengantar

**Seruan untuk Berdiri di Celah**

Ada saat-saat dalam hidup ketika Tuhan menginterupsi ritme kehidupan kita yang biasa dan memanggil kita untuk melakukan sesuatu yang tidak pernah kita duga.

Seringkali momen-momen itu datang di tengah ketidakpastian, kerentanan, dan penyerahan diri—saat-saat ketika kita menyadari bahwa kekuatan kita sendiri tidaklah cukup.

Panduan doa ini adalah buah dari momen seperti itu.
Pada **bulan Maret 2006** , selama masa yang sangat menantang dalam kehidupan keluarga saya ketika istri saya berada di rumah sakit di London menghadapi persalinan yang sulit, saya mengalami dorongan dari Roh Kudus yang akan membentuk perjalanan tahun-tahun berikutnya.

Apa yang bermula sebagai tindakan ketaatan sederhana—menanggapi sebuah dorongan untuk memulai **puasa selama empat puluh hari** —dengan cepat terungkap sebagai sesuatu yang jauh lebih besar daripada sekadar latihan spiritual pribadi.
Selama masa doa itu, beban yang Tuhan tempatkan di hatiku tidak berpusat pada keadaan pribadiku. Sebaliknya, kesan-kesan yang datang diarahkan kepada **Gereja, para pemimpinnya, dan kondisi rohani tubuh Kristus di seluruh bangsa** .
Doa-doa tersebut berulang kali mengarahkan fokusnya pada tempat-tempat di mana pengaruh dijalankan dalam masyarakat—wilayah-wilayah yang membentuk arah komunitas, budaya, dan pemerintahan.

Seiring waktu, menjadi jelas bahwa ini bukan pengalaman sekali saja, melainkan awal dari tugas syafaat yang berkelanjutan.
Sejak musim pertama pada **tahun 2006** , puasa dan doa selama empat puluh hari ini telah dilaksanakan setiap tahun dari **tanggal 17 Maret hingga 25 April** .

Selama bertahun-tahun ini, tugasnya tetap konsisten: untuk menjadi penengah bagi Gereja, untuk berdoa bagi para pemimpin di mana pun mereka berada dalam lingkup pengaruh yang membentuk dunia kita, dan untuk mencari tujuan Tuhan bagi bangsa-bangsa.
Apa yang bermula sebagai tindakan ketaatan pribadi, oleh kasih karunia Allah, telah menjadi beban bersama yang dipikul oleh orang-orang percaya yang merasakan panggilan yang sama untuk berdoa syafaat bagi Gereja dan bangsa-bangsa.
Buku ini merupakan tonggak penting dalam perjalanan tersebut.
Seiring kita memperingati **dua puluh tahun doa syafaat yang setia** , panduan doa ini telah disiapkan untuk membantu orang lain berpartisipasi dalam jaga doa yang sama. Panduan ini menyediakan kerangka kerja terstruktur berupa poin-poin doa berdasarkan Alkitab yang dirancang untuk membimbing orang percaya melalui empat puluh hari doa syafaat yang terfokus.

Harapan saya adalah sumber daya ini akan mendorong banyak orang untuk menemukan kembali kekuatan berdiri di hadapan Tuhan untuk membela orang lain.

Halaman-halaman selanjutnya berisi kisah perjumpaan yang mengawali tugas ini. Pengalaman itu membentuk arah perjalanan doa ini dan terus mengingatkan saya bahwa Tuhan masih memanggil umat-Nya untuk berdiri di celah demi tujuan-Nya di bumi.

Semoga panduan ini memperkuat komitmen Anda untuk berdoa, memperdalam hubungan Anda dengan Roh Kudus, dan menginspirasi Anda untuk bergabung dalam pekerjaan permohonan yang berkelanjutan bagi Gereja dan bangsa-bangsa.

# Pertemuan yang Memulai Penugasan

Pada **tanggal 16 Maret 2006** , saya mondar-mandir di koridor rumah sakit di London. Istri saya telah mengalami persalinan selama tiga hari, dan dokter telah memberi tahu kami bahwa jika bayi tidak lahir secara alami pada pagi hari, ia harus menjalani operasi caesar.

Tanpa kami ketahui saat itu, ibu mertua saya telah melihat dalam sebuah penglihatan bahwa istri saya mungkin tidak akan selamat saat melahirkan. Untungnya, dia tidak menceritakan hal itu kepada kami saat itu.

Saat aku berjalan bolak-balik di lorong rumah sakit, sebuah kesan kuat terlintas di benakku—kesan yang begitu jelas sehingga aku tak bisa mengabaikannya. Pikiran itu sederhana namun sangat kuat:

**Mulailah puasa selama empat puluh hari mulai besok.**

Hari berikutnya adalah **tanggal 17 Maret 2006** .

Instruksi ini mengejutkan saya. Saya belum pernah melakukan puasa empat puluh hari sebelumnya. Namun saya tahu bahwa kesan ini bukan berasal dari pikiran saya sendiri.

Salah satu cara untuk mengenali dorongan Roh Kudus adalah bahwa Dia sering kali menuntun kita untuk melakukan sesuatu yang sesuai dengan Alkitab yang biasanya akan ditolak oleh kecenderungan alami kita.

Karena kesan itu terus berlanjut, saya mulai berbicara dengan Tuhan dalam pikiran saya.

"Jika saya harus berpuasa selama empat puluh hari," tanyaku, "tentang apa saya akan berdoa?"

Respons itu datang sebagai kesan-kesan dalam pikiran saya. Saya diinstruksikan untuk mengambil buku catatan dan mulai menulis. Di bangsal rumah sakit itu juga saya mulai mencatat beban doa yang datang kepada saya.

Yang mengejutkan saya, doa-doa itu tidak berpusat pada situasi istri saya. Sebaliknya, kesan-kesan tersebut berfokus pada para pendeta, gereja-gereja, dan persatuan dalam tubuh Kristus.
Pada saat itu saya menyampaikan permohonan kepada Tuhan. "Jika aku harus menyelesaikan puasa empat puluh hari ini," aku berdoa, "aku ingin melihat-Mu sebelum puasa berakhir."
Permintaan itu tidak ditanggapi.
Belakangan saya mengerti alasannya.
Tuhan sering menunggu ketaatan kita sebelum mengungkapkan langkah selanjutnya dari rencana-Nya.

Kitab Suci menunjukkan pola ini dengan jelas. Ketika Yunus melarikan diri dari tugas yang diberikan Tuhan, Tuhan tetap diam sampai Yunus kembali taat.
Barulah kemudian percakapan berlanjut.
Tiga hari sebelum berakhirnya puasa empat puluh hari itu—pada **tanggal 22 April 2006, pukul 5:00 pagi** —Tuhan mengabulkan permohonan saya.

Aku setengah sadar ketika sesosok Makhluk muncul dalam wujud manusia. Tangannya terlipat di belakang punggungnya, dan Dia berjalan perlahan ke arahku melalui jendela menuju ruang tamu.
Aku dapat melihat wujud-Nya dengan jelas, meskipun wajah-Nya tidak terlihat sepenuhnya.

Saat Dia mendekat, ruang di sekitarku mulai bergetar dengan kekuatan yang luar biasa. Area di sekitar kakiku tampak larut dan terbentuk kembali berulang kali saat Dia bergerak semakin dekat.
Ketika kehadiran itu mencapai area dada dan kepala saya, kekuatannya meningkat melebihi apa pun yang pernah saya alami.
Kekuatan dahsyat dari momen itu sulit untuk digambarkan. Aku sampai lupa waktu. Terpukau oleh intensitas pertemuan itu, aku mendapati diriku berguling-guling di lantai, memohon

kepada-Nya untuk berhenti dan memberitahuku apa yang Dia inginkan agar aku lakukan.
Pengalaman itu menandai awal dari perjalanan yang lebih dalam bersama Tuhan.

Setelah pertemuan itu, saya mulai menerima mimpi dan penglihatan mengenai tubuh Kristus. Dalam salah satu penglihatan, saya melihat Tuhan Yesus memasuki sebuah ruangan, dan tubuh-Nya tampak terpisah-pisah—setiap bagian hanya terhubung oleh untaian kulit yang tipis.
Setiap bagian mewakili sebuah kementerian.
Hubungan di antara mereka lemah.
Penglihatan itu mengungkapkan kebenaran yang menyakitkan: perpecahan di dalam Gereja—persaingan, kesombongan, dan permusuhan antar pelayanan—melemahkan kesatuan tubuh Kristus.
Ketika aku bertanya kepada Tuhan di mana aku harus menempatkan diri dalam tubuh yang tidak utuh ini, jawaban-Nya jelas:
**"Carilah gereja-gereja yang menghasilkan murid. Jangan terpengaruh oleh jumlahnya."**

Sejak saat itu, tugasnya menjadi jelas.
Setiap tahun, dimulai pada **tanggal 17 Maret dan berakhir pada tanggal 25 April**, dilakukan puasa dan doa selama empat puluh hari—sebagai bentuk dukungan bagi Gereja, para pemimpinnya, dan bangsa-bangsa.

Panduan doa ini adalah salah satu wujud dari tugas yang berkelanjutan tersebut.

# Catatan Penulis

Panduan doa ini merupakan buah dari refleksi, doa, dan ketaatan selama bertahun-tahun terhadap sebuah tugas yang dimulai pada tahun 2006. Apa yang awalnya merupakan masa puasa dan permohonan pribadi secara bertahap menjadi waktu doa rutin yang dilakukan setiap tahun dari **tanggal 17 Maret hingga 25 April** .

Seiring waktu, orang lain mulai ikut memikul beban untuk berdoa bagi Gereja, para pemimpinnya, dan bangsa-bangsa. Keinginan untuk menyediakan sumber daya yang terstruktur bagi mereka yang ingin berpartisipasi dalam masa doa ini mengarah pada pengembangan panduan ini.

Doa-doa yang terdapat dalam buku ini berakar pada Kitab Suci dan dibentuk oleh keyakinan bahwa doa syafaat memainkan peran penting dalam terwujudnya rencana Allah di bumi. Doa-doa ini dimaksudkan untuk membantu orang percaya terlibat secara bijaksana dan konsisten dalam doa selama masa jaga empat puluh hari.

Panduan ini dapat digunakan oleh individu, keluarga, kelompok doa, dan gereja yang ingin menjadi penengah bagi tubuh Kristus dan bagi bangsa-bangsa.

Doa kami adalah agar setiap pembaca yang membaca doa-doa ini dapat semakin memperdalam hubungannya dengan Tuhan dan semakin kuat komitmennya dalam berdoa syafaat.

Semoga Tuhan menguatkan semua yang menerima panggilan untuk berdoa ini.

**Zacharias Godseagle**
**Amb . MO OGBE**

# Bagaimana Mendengar Suara Tuhan

Sepanjang Kitab Suci, Allah menyatakan Diri-Nya sebagai Allah yang berbicara kepada umat-Nya. Dari halaman-halaman awal Alkitab hingga pelayanan Yesus dan karya Roh Kudus di dalam Gereja, suara Allah telah membimbing, mengoreksi, dan mengarahkan mereka yang mencari Dia. Yesus sendiri berkata:

*"Domba-domba-Ku mendengarkan suara-Ku, dan Aku mengenal mereka, dan mereka mengikuti Aku."*

— Yohanes 10:27

Oleh karena itu, mendengar suara Tuhan bukanlah hak istimewa bagi beberapa individu tertentu. Itu adalah bagian dari hubungan yang Tuhan inginkan dengan anak-anak-Nya. Namun, belajar mengenali suara Tuhan membutuhkan kedewasaan rohani, kerendahan hati, dan keselarasan dengan Firman-Nya.

**Cara Utama Tuhan Berbicara**

Cara paling jelas dan dapat diandalkan bagi Tuhan untuk berbicara adalah melalui **Kitab Suci** . Firman Tuhan mengungkapkan karakter-Nya, kehendak-Nya, dan tujuan-Nya. Setiap kesan, penglihatan, mimpi, atau pikiran yang bertentangan dengan Kitab Suci tidak mungkin berasal dari Tuhan.

Oleh karena itu, orang percaya harus tetap berakar pada Firman.

**Kesaksian Batin Roh Kudus**

Roh Kudus sering berkomunikasi melalui apa yang oleh banyak orang percaya digambarkan sebagai **kesaksian batin** . Ini dapat muncul sebagai keyakinan yang kuat, kesan yang

terus-menerus di dalam hati, atau perasaan arahan yang mendalam yang selaras dengan Kitab Suci.
Terkadang kesan-kesan ini muncul sebagai pikiran yang tiba-tiba terlintas dalam benak—gagasan yang sesuai dengan karakter Tuhan dan tujuan-Nya.

**Mimpi dan Penglihatan**
Sepanjang Alkitab, Tuhan sering berkomunikasi melalui mimpi dan penglihatan. Yusuf, Daniel, Petrus, dan Paulus semuanya mengalami saat-saat ketika Tuhan mengungkapkan kehendak-Nya dengan cara ini.

Dalam Kisah Para Rasul 2:17, rasul Petrus menyatakan:
*"Anak-anakmu laki-laki dan perempuan akan bernubuat, orang-orang muda di antara kamu akan melihat penglihatan, dan orang-orang tua di antara kamu akan bermimpi."*
Namun, pengalaman-pengalaman ini harus selalu diuji berdasarkan Kitab Suci dan dikonfirmasi melalui doa.

**Tuhan Juga Berbicara Melalui Keadaan dan Manusia**
Tuhan juga dapat membimbing umat-Nya melalui berbagai keadaan, nasihat bijak, dan pelayanan orang percaya lainnya.
Para pendeta, mentor rohani, dan orang percaya yang dewasa seringkali memainkan peran penting dalam membantu kita membedakan arahan Tuhan.
Dalam setiap kasus, Roh Allah tidak akan pernah menuntun orang percaya kepada kesombongan, kebingungan, atau tindakan yang bertentangan dengan ajaran Kristus.

**Menguji Apa yang Kita Dengar**
Karena kesan rohani terkadang bisa disalahpahami, Kitab Suci mendorong orang percaya untuk menguji apa yang mereka terima.
Rasul Yohanes menulis:
*"Saudara-saudara yang ter beloved, janganlah percaya setiap roh, tetapi ujilah roh-roh itu, apakah mereka berasal dari Allah."*
— 1 Yohanes 4:1

Tiga pertanyaan penting dapat membantu memandu proses pengambilan keputusan:

• Apakah sesuai dengan Firman Tuhan?

• Apakah mencerminkan karakter Kristus? • Apakah membawa kejelasan, kedamaian, dan kebenaran?

Ketika unsur-unsur ini ada, orang percaya dapat melangkah maju dengan keyakinan bahwa Roh Kudus sedang membimbing mereka.

**Bertumbuh dalam Kepekaan terhadap Tuhan**

Belajar mendengar suara Tuhan adalah bagian dari perjalanan pertumbuhan rohani. Saat orang percaya meluangkan waktu untuk berdoa, mempelajari Kitab Suci, dan tetap memperhatikan tuntunan Roh Kudus , kemampuan mereka untuk mengenali arahan Tuhan menjadi lebih jelas.

Tujuan mendengarkan Tuhan bukanlah untuk mengejar pengalaman luar biasa, tetapi untuk memupuk hubungan yang lebih dalam dengan-Nya dan berjalan dengan setia dalam kehendak-Nya.

Saat Anda memasuki musim doa dan permohonan ini, mintalah Roh Kudus untuk membimbing Anda, berbicara kepada hati Anda, dan menuntun Anda ke dalam persekutuan yang lebih dalam dengan Tuhan.

# Doa Harian, Deklarasi, dan Perlindungan Spiritual 360 Derajat

## Deklarasi Pembukaan & Penutupan Portal untuk Tujuh Gunung Pengaruh

### (10 Aktivasi Doa Strategis)

**Jadwal Doa**

Doa-doa ini dapat digunakan dengan dua cara:

• **Doakan kesepuluh bagian tersebut bersama-sama pada tengah malam** sebelum memulai doa syafaat harian.

• **Berdoalah satu bagian setiap dua jam** , mencakup seluruh jaga spiritual hari itu.

Struktur Pengawasan yang Disarankan:

- **12:00 AM – Pembukaan Portal & Bagian 1**
- **02.00 – Bagian 2**
- **4:00 AM – Bagian 3**
- **6:00 AM – Bagian 4**
- **08.00 – Bagian 5**
- **10:00 AM – Bagian 6**
- **12:00 PM – Bagian 7**
- **Pukul 14.00 – Bagian 8**
- **Pukul 16.00 – Bagian 9**
- **Pukul 18.00 – Bagian 10 (Deklarasi Penyegelan)**

Pernyataan-pernyataan ini menetapkan otoritas spiritual, membuka pintu gerbang doa, membongkar oposisi, dan menyegel perlindungan syafaat atas **individu, Gereja, dan Tujuh Gunung Pengaruh** .

**Ayat-ayat Alkitab untuk Dibaca, Direnungkan, dan Diperhatikan untuk Diterapkan dalam Kehidupan Sehari-hari:**

Lukas 9:23 - ***Lalu Ia berkata kepada mereka semua, "Barangsiapa ingin mengikuti Aku, hendaklah ia menyangkal dirinya, memikul salibnya setiap hari, dan mengikuti Aku.***

1 Timotius 6: ***11-14 Tetapi engkau, hai hamba Allah, jauhilah hal-hal ini dan kejarlah kebenaran, kesalehan, iman, kasih, kesabaran, dan kelembutan. Berjuanglah dalam perjuangan iman yang baik, raihlah hidup kekal, yang kepadanya engkau juga dipanggil dan telah mengakui pengakuan yang baik di hadapan banyak saksi. Aku mendesakmu di hadapan Allah yang memberi hidup kepada segala sesuatu, dan di hadapan Kristus Yesus yang telah memberi kesaksian tentang pengakuan yang baik di hadapan Pontius Pilatus, supaya engkau memelihara perintah ini tanpa cela, tanpa noda sampai Tuhan kita Yesus Kristus tiba."***

**Jika kamu tinggal di dalam firman-Ku, kamu benar-benar murid-Ku.** " Yohanes 8:31.

**Janganlah kamu dikalahkan oleh kejahatan, tetapi kalahkanlah kejahatan dengan kebaikan** ." Roma 12:21.

***Demikian juga kamu, anggaplah dirimu telah mati terhadap dosa, tetapi hidup bagi Allah di dalam Kristus***

*Yesus Tuhan kita. Karena itu jangan biarkan dosa berkuasa di dalam tubuhmu yang fana, sehingga kamu menuruti hawa nafsunya* . Roma 6:11-12.

*Tetapi jika oleh Roh kamu mematikan perbuatan-perbuatan tubuh, kamu akan hidup* . Roma 8:13.

*Karena itu, karena Kristus telah menderita dalam daging, persiapkanlah dirimu juga dengan pikiran yang sama, sebab barangsiapa telah menderita dalam daging, ia telah berhenti dari dosa ...* 1 Petrus 4:1.

## BAGIAN 1 — Membangun Otoritas Spiritual

Bapa, dalam nama Yesus, Sang Pencipta dan Penyempurna imanku, aku bangkit untuk menegakkan hak dan kekuasaanku yang sah atas wilayah ini dan atas setiap wilayah yang telah Engkau berikan kepadaku wewenang yurisdiksi.

Menurut **Daniel 9:4** , Engkaulah satu-satunya Allah yang besar dan dahsyat, yang memelihara perjanjian dan belas kasihan kepada orang-orang yang mengasihi Engkau dan kepada orang-orang yang menaati perintah-perintah-Mu. Aku memohon kepada Tuhan yang berfirman dalam **2 Tawarikh 7:13-16** :

***"Jika Aku menutup langit sehingga tidak ada hujan, jika Aku memerintahkan belalang untuk melahap tanah, atau jika Aku mengirimkan wabah penyakit di antara umat-Ku; jika umat-Ku yang disebut dengan nama-Ku merendahkan diri dan berdoa, mencari wajah-Ku, dan berbalik dari jalan-jalan mereka yang jahat, maka Aku akan mendengar dari surga, mengampuni dosa-dosa mereka, dan menyembuhkan tanah mereka."***

Sekarang, bukalah mata- Mu dan dengarkanlah doa yang dipanjatkan di tempat ini.
Karena sekarang Engkau telah memilih dan menguduskan rumah ini, agar nama-Mu ada di sana untuk selama-lamanya; dan mata-Mu serta hati-Mu akan selalu ada di sana.

Aku menyatakan bahwa tempat ini disucikan.

Aku mempersembahkan tubuhku sebagai kurban hidup melalui darah Yesus, Juruselamat dan Penebusku. Jadikanlah doa-doa ini kudus dan berkenan kepada-Mu.

Aku mengakui dosa-dosaku dan dosa-dosa leluhur kami. Semoga rahmat dan belas kasihan menyertai kami.

Saya menyatakan bahwa saya memiliki jalan bebas bagi doa-doa saya untuk naik ke alam supranatural dan tidak terikat pada dunia duniawi.

Saya sependapat dengan Mahkamah Agung Surga.

Aku duduk di tempat-tempat surgawi bersama Kristus Yesus; oleh karena itu, aku berperang dari alam dan dunia ini.

Aku menyatakan bahwa urapan Allah mematahkan setiap kuk, membuka setiap pintu gerbang, dan menugaskan malaikat untuk menguatkanku saat aku maju ke tingkatan baru, dimensi baru, alam baru, dan wilayah baru.

Semoga terjadi terobosan di langit.

**Saya menggali dari aliran kerasulan dan kenabian.**
**Saya mendobrak batasan-batasan yang menghalangi perempuan untuk maju.**
**Aku menghancurkan batasan spiritual dan membran besi.**
**Saya nyatakan bahwa suasana terobosan telah tercipta.**
**Saya menata ulang iklim spiritual dan menetapkan bahwa setiap sikap suam-suam kuku harus digantikan dengan api dan semangat Tuhan.**

Baptislah aku dengan Roh Kudus dan dengan api.
Semoga ada api di mulutku saat aku melantunkan doa ini.
Aku mengambil kuasa atas atmosfer dan iklim iblis dan setan yang diciptakan oleh aktivitas kultus, gambar-gambar yang mengubah takdir, mantra, kata-kata yang tidak pantas, sihir, lingkungan yang bermusuhan, ketakutan, terorisme, ritual, kebencian, kebencian etnis, dan kekerasan, dalam nama Yesus.

**Aku perintahkan iklim spiritual untuk berubah.**

**Pergeseran iklim ekonomi.**
**Pergeseran iklim sosial. Pergeseran iklim budaya. Pergeseran iklim pendidikan. Pergeseran iklim politik. Pergeseran iklim gerejawi.**

Aku perintahkan agar atmosfer dipenuhi dengan kemuliaan Allah.
Bapa, penuhi atmosfer.
Penuhi lingkungan dengan kemuliaan-Mu.
Saya mengubah lingkungan ini dan menyatakan bahwa sekarang lingkungan ini cocok untuk:

**Semoga pelayanan saya berkembang.**
**Semoga hubungan saya berkembang. Semoga anak-anak saya berkembang. Semoga orang-orang yang saya cintai berkembang. Semoga bisnis saya berkembang. Semoga ide-ide saya berkembang. Semoga bangsa saya berkembang. Semoga pemerintah saya berkembang. Semoga ekonomi saya berkembang.**

Saya menciptakan lingkungan supranatural agar mukjizat dapat terjadi.
Aku berperang dalam nama Yesus dan melalui darah-Nya yang tertumpah — darah Anak Domba yang disembelih sebelum dunia dijadikan.

Oleh Dia, kejahatan harus dihancurkan.
Karena alasan inilah Anak Allah dinyatakan, agar Ia dapat menghancurkan pekerjaan kegelapan.

**Aku menetapkan dan menyatakan bahwa perbuatan-perbuatan kegelapan telah dihancurkan.**
**Aku menyatakan bahwa setiap kutukan atas hidupku dibatalkan.**
**Aku menghancurkan kuasa kegelapan yang berkuasa dan mempertahankan kekuasaan di wilayah ini dalam nama Yesus.**

**Aku menangkap setiap roh jahat melalui Firman-Mu.**
**Berikanlah kekuatan kepada para malaikat untuk berperang demi aku.**
**Saya menentang benteng-benteng teritorial.**
**Aku memutuskan ikatan ego.**

Bukalah pintu gerbang penjara psikologis dan bebaskan kami dari roh-roh rasa malu, canggung, pelecehan, dan kejahatan.

Bebaskan kami dari roh benteng-benteng dan kesombongan.
Bebaskan aku dari stigmatisasi, pemerasan emosional, hambatan sosial, rayuan, batasan setan, ilusi setan, kecanduan, pembatasan iblis, penguatan budaya, benteng kultus, sihir, tradisi, dan lingkungan budaya anti-Kristus.

Bebaskan aku dari keterbatasan, hambatan, dan rintangan.

**Saya menolak untuk dipinggirkan, distigmatisasi, dilumpuhkan, diteror, dikarakterisasi, dikritik, ditoleransi, disensor, disalahpahami, diperlakukan tidak adil, atau dikelola secara tidak benar.**
**Aku mengenakan jubah keberuntungan.**
**Saya menonaktifkan pemicu iblis dan tombol psikologis.**
**Saya membuat korsleting pada mereka.**

## BAGIAN 2 — Terobosan Teritorial

Aku tidak tunduk pada penindasan setan. Aku menegakkan otoritas superior-Ku atas wilayah ini melalui darah, Firman, dan Roh Allah.

Karena alasan inilah aku mengingatkanmu bahwa Putra Allah dinyatakan untuk menghancurkan pekerjaan iblis. Aku menetapkan bahwa pekerjaan iblis dihancurkan. Pekerjaan iblis dihancurkan atas wilayah ini, atas lingkungan tempat tinggalku, atas tubuhku, atas keluargaku, atas anak-anakku, atas orang-orang yang kukasihi, atas pelayananku, atas pendetaku, atas dokter dan pengacaraku, dan atas pemerintahanku.
Perbuatan jahat iblis dihancurkan.

Aku menyatakan dan menetapkan bahwa rencana dan tujuan Allah akan terlaksana. Firman Allah akan terlaksana. Kehendak-Nya akan terlaksana. Tujuan dan takdir kenabianku akan terlaksana. Visiku akan terlaksana. Bisnisku akan terlaksana. Ide-ideku akan terlaksana.

Aku bernubuat ke empat penjuru angin bahwa segala sesuatu yang telah mati sebelum waktunya dan mengering karena aktivitas setan akan dihidupkan kembali dan kembali hidup.

Saya menyatakan bahwa bagian-bagian dari takdir saya — finansial, pelayanan, dan hubungan — menyatu.

**Hidupku teratur.**
**Keuanganku teratur. Bisnisku teratur. Hubunganku teratur. Keluargaku teratur. Tubuh Kristus teratur. Pelayananku teratur. Pernikahanku teratur. Keluargaku teratur. Anggaranku teratur.**

Pemerintah kita bersatu.
Kepemimpinan kita bersatu.

Segala sesuatu bekerja bersama sesuai dengan kehendak-Mu.
Bapa, aku bersyukur kepada-Mu. Bagi-Mu tidak ada yang mustahil.
Oleh karena itu, Bapa, aku menetapkan dan menyatakan bahwa pintu-pintu surga telah dibuka.
Biarkan hujan turun.
Roh Kudus Allah, bimbinglah kami ke dalam masa-masa penyegaran yang telah Engkau janjikan akan datang dari hadirat Tuhan.

Aku menetapkan dan menyatakan bahwa tidak akan ada lagi kekeringan yang disebabkan oleh iblis, tidak ada lagi kekeringan yang disebabkan oleh iblis, tidak ada lagi kesusahan, tidak ada lagi penyakit, tidak ada lagi depresi, dan tidak ada lagi drama yang disebabkan oleh iblis.

Kita hadir dalam jilid Kitab, sebagaimana tertulis tentang kita.

Kami datang dalam kuasa Allah — Allah Yosua — dan kami menetapkan serta menyatakan bahwa setiap tembok yang tak tertembus harus runtuh dalam nama Yesus dan dalam kuasa Allah Yang Mahatinggi .

***Aku menghancurkan rintangan, halangan, barikade, dan bebatuan besar.***
***Saya menyatakan bahwa saya sedang melangkah maju menuju panggilan, tujuan, dan rencana Tuhan.***
***Ajaran Kristus semakin maju di wilayah ini dan di setiap wilayah.***
***Aku menyatakan bahwa Yesus Kristus adalah Tuhan dan Raja segala raja. Kerajaan Allah telah datang. Ia adalah Raja atas setiap wilayah dan Kerajaan-Nya sudah dekat.***

**Kita mengambil kuasa atas setiap benteng iblis dan memutuskan tali dan ikatan kejahatan.**
**Kita singkirkan kejahatan dari tempatnya yang tidak sah dan ambil alih kekuasaan yang seharusnya kita miliki.**

**Kami menguasai altar-altar setan di pegunungan.**
**Kita berdiri dalam semangat Elia dan menetapkan serta menyatakan bahwa Allah yang menjawab dengan api — Dialah Allah.**
**Kami menetapkan bahwa api Tuhan menghancurkan setiap mezbah.**

Kami memerintahkan agar kuasa musuh dipatahkan dari hidup kami, dipatahkan dari pelayanan kami, dipatahkan dari rumah kami, dipatahkan dari pikiran kami, dipatahkan dari hubungan kami.
Mereka dilepaskan dari tubuh kita, dari hidup kita, dari anak-anak kita, dari pernikahan kita, dari pasangan kita, dari bisnis kita, dan dari kebiasaan kita.

Kami menetapkan dan menyatakan bahwa kejahatan tidak lagi memiliki kendali atas hidup kami.

Kita membebaskan diri dari kendali jahat musuh.
Kita membebaskan diri dari pola-pola jahat.

Kita membebaskan diri dari jimat, azimat, benda-benda voodoo, rantai, perbudakan, mantra, kecanduan, kutukan turun-temurun, roh warisan, kematian, kemiskinan, apatis, keputusasaan, pelecehan, ketidakberdayaan, dan kurangnya doa.

Kami menetapkan dan menyatakan bahwa mereka telah dihancurkan.

Di mana pun dan apa pun yang digunakan para penyihir, dukun, tukang sihir, orang bijak, dan manipulator agama sebagai titik kontak untuk melepaskan kutukan — melalui gambar, pakaian, helai rambut, barang pribadi, pakaian, mangkuk, debu, darah, boneka voodoo, altar, jimat, air, sapu, ramuan, atau apa pun — Aku perintahkan semuanya hancur dalam nama Yesus.

Kami mengganggu jalur komunikasi antara roh-roh jahat dan melakukan aktivitas ilegal yang dirancang untuk menggagalkan rencana dan tujuan Tuhan dalam hidup kita.

**Kami perintahkan agar setiap keterikatan jahat dipatahkan.**
**Kami memerintahkan agar tali-tali itu diputus.**
**Kami perintahkan agar setiap benteng dihancurkan.**
**Kami berkuasa atas roh-roh keraguan, jerat, keterikatan, ketakutan, teror, kebingungan, ketidakpercayaan, intimidasi, dosa, dan kejahatan.**
**Kita membebaskan diri dari cengkeraman musuh dan dari kekuatan spiritual gelap yang membombardir pikiran kita.**

Bapa, dalam nama Yesus, saat kami berdiri untuk berdoa, kami menerobos benteng-benteng musuh dengan cara:

**Tangan Tuhan.**
**Jari Tuhan. Firman Tuhan. Darah Yesus Kristus. Kuasa Roh Kudus. Uraian Tuhan. Campur tangan para rasul. Bantuan para malaikat.**

Bapa, kami bangkit dalam roh Zerubabel dan Elia dan mengucapkan **kasih karunia, kasih karunia** kepada gunung-gunung dan mezbah-mezbah iblis mereka.
Ya Bapa, binasakanlah mereka oleh api-Mu.

## BAGIAN 3 — Kekuasaan Atas Benteng-Benteng

Kami menegakkan kekuasaan Kristus atas wilayah ini.
Saya menyatakan bahwa kekuatan mereka tidak berdaya atas wilayah ini.
Aku menyatakan sesuai dengan **Yesaya 9:6-7** :

***"Karena bagi kita seorang Anak telah lahir, bagi kita seorang Putra telah diberikan, dan pemerintahan akan berada di atas bahu-Nya; dan nama-Nya akan disebut Ajaib, Penasihat, Allah Yang Perkasa, Bapa Yang Kekal, Raja Damai. Pemerintahan-Nya dan damai sejahtera-Nya akan bertambah dan tidak ada akhirnya. Di atas takhta Daud dan di atas kerajaan-Nya, untuk mengatur dan menegakkannya dengan penghakiman dan keadilan mulai sekarang sampai selama-lamanya. Semangat Tuhan semesta alam akan melaksanakan hal ini."***

Angkatlah kepalamu, hai pintu-pintu gerbang !
Terangkatlah, hai pintu-pintu abadi! Dan Raja Kemuliaan akan masuk.

Saya ingatkan sekali lagi bahwa semangat Tuhanlah yang akan melaksanakan hal ini.

Tidak ada yang seperti Tuhanku.

Tidak ada yang sekuat Tuhanku.

Dia adalah **Jehovah Gibbor** .

***Bapa, kami menyembah-Mu.***
***Bapa, kami memuji-Mu.***
***Kami tidak akan berlutut kepada tuhan lain mana pun.***
***Tidak ada Tuhan lain seperti Yehuwa.***

***Bapa, kami mengambil kuasa atas penguasa kekuatan udara dan menegakkan otoritas superior kami atas wilayah ini dalam nama Yesus.***
Mengakhiri penindasan setan, perlawanan setan, dan beban palsu.

Dalam murka-Mu, hancurkan aktivitas musuh-musuh kami, dan dalam cemoohan-Mu, aturlah perpecahan mereka.

**Kami menetapkan dan menyatakan bahwa pikiran kami bebas dari setiap belenggu.**
**Barangsiapa dibebaskan oleh Anak, ia benar-benar bebas.**
**Kami perintahkan agar langit terbuka.**

Bapa, bersihkan jalan dan ciptakan jalan raya supranatural yang bebas dari setiap barikade setan yang akan menghalangi doa-doa kami.

Kami menangkap, dalam nama Yesus, entitas-entitas yang bertanggung jawab atas perdagangan setan dan melarang gangguan, campur tangan, dan pencegahan lebih lanjut.

**Aku memberikan tekanan kenabian dan kerasulan kepada surga.**
**Aku perintahkan setiap portal iblis untuk dibuka.**

Pintu gerbang dari kuningan dan palang besi — bukalah.
Bapa, tutuplah setiap portal setan.
Jangan berikan akses kepada musuh ke wilayah yang terlarang.
Jangan sampai ada campur tangan iblis atau setan.
Saat aku melangkah maju, aku menetapkan dan menyatakan bahwa setiap benteng pertahanan atas wilayah ini telah hancur dari pikiranku.

**Aku menetapkan dan menyatakan bahwa Tuhan membersihkan pikiranku, memberikan Roh Kudus**

**akses tanpa batasan dan tanpa halangan ke pikiran, jiwa, dan rohku.**
**Saya menetapkan bahwa tidak akan ada pembajakan setan terhadap wawasan supranatural, wahyu kenabian, ide-ide cerdas, penemuan kreatif, inspirasi ilahi, kebijaksanaan, atau pengetahuan.**

Semua ini akan mengalir dengan bebas dalam nama Yesus.
**Setiap gunung harus direndahkan.**
**Setiap lembah harus diangkat.**
**Setiap tempat yang bengkok harus diluruskan.**

Kini saya melangkah maju di level yang setara dengan kebijaksanaan, strategi, dan taktik ilahi yang tersedia bagi saya sesuai kebutuhan.

Aku nyatakan bahwa gunung-gunung spiritual, gunung-gunung relasional, dan gunung-gunung politik harus digeser.

Aku menerobos apa yang tampaknya tak teratasi dan tak tertembus.

Aku menerobos tembok dan barikade yang tak tertembus menuju alam keajaiban, menuju alam supranatural, menuju alam peningkatan, kelimpahan, kemakmuran, pengaruh, kekayaan, dan harta benda.

Saya menyatakan bahwa saya akan mengatasi masalah dan situasi yang sulit, serta orang-orang yang tidak fleksibel yang menghalangi negosiasi hukum, ekonomi, dan spiritual yang menguntungkan.

Aku perintahkan kamu untuk bergerak dengan kuasa darah dalam nama Yesus.

Aku mengambil alih kuasa atas kekuatan musuh yang bertanggung jawab membangun altar setan dan roh leluhur warisan yang mengganggu kemajuan dan menghambat perkembanganku.

Aku menerobos barikade iblis.

Aku menetapkan dan menyatakan bahwa setiap tembok Yerikho harus runtuh.

Saya memiliki harta benda saya.

Saya berwenang menangani masalah-masalah yang berasal dari kubu musuh.

Aku mendeklarasikan campur tangan ilahi yang tiba-tiba dan mukjizat.

Aku perintahkan setiap situasi dan keadaan untuk selaras dengan kehendak ilahi dalam nama Yesus.

Aku membalikkan setiap kutukan.

Aku menggali dan menyingkap benih-benih iblis yang ditanam secara sah di dalam pikiranku, jiwaku, dan rohku.

Mereka tidak akan berakar.
Mereka tidak boleh diinkubasi, dipelihara, diberi makan, atau diberi minum.

Aku akan menghancurkan mereka sekarang.

Aku hanya menerima apa yang berasal dari pikiran Tuhan:

**Benih harapan.**
**Benih iman. Benih takdir. Benih kekuatan. Benih kesuksesan dan kemakmuran. Benih kekudusan. Benih kebenaran. Benih kesalehan. Benih perilaku etis. Benih moralitas.**

Saya menolak, menghindari, dan menyangkal semua aktivitas yang gagal.

Saya mengandung hingga cukup bulan.

Aku membebaskan diri dari setiap batasan dan penjara iblis.

Pintu-pintu dari kuningan dan palang-palang dari besi — akan hancur berkeping-keping oleh angin Roh yang dahsyat.

Saya memilih untuk keluar dari situasi yang membatasi.

Aku mematahkan kuasa penjara atas pikiranku, pelayananku, jiwaku, rohku, takdirku, masa depanku, suaraku, keluargaku, dan keuanganku.

Aku terbebas dari jerat hukum.

Aku berhasil membebaskan diri.

Aku menyatakan dan menetapkan bahwa aku mempunyai kuasa atas semua aktivitas yang mengubah takdir, sanksi setan, dan pemaksaan dalam nama Yesus.

Aku menetapkan bahwa setiap penjara iblis harus dibuka.

Aku melepaskan gerejaku.

Aku melepaskan masa depanku.

Aku membebaskan bangsaku.

Saya membebaskan pemerintah saya.

Saya membebaskan keluarga saya.

Aku membebaskan anak-anakku.

Saya melepaskan pelayanan saya.

Aku melepaskan urapan-Ku.

Aku melepaskan pengaruhku.

Saya melepaskan reputasi saya.

Saya mengungkapkan nama saya.

Aku melepaskan kedamaianku.

Aku melepaskan kegembiraanku.

Aku melepaskan kebahagiaanku.

Saya menyerahkan kesehatan saya.

Aku melepaskannya dalam nama Yesus dari kendali kekuatan iblis.

Aku membebaskan diri dari kurungan.

Aku menerobos batasan.

Aku terbebas dari keterbatasan dalam nama Yesus.

Aku membebaskan diri dari belenggu psikologis, belenggu emosional, belenggu fisik, belenggu seksual, belenggu spiritual, belenggu finansial, belenggu yang diciptakan oleh zat-zat terlarang, belenggu organisasi, keterikatan ego, dan perkumpulan-perkumpulan jahat.

Dalam nama Yesus.

## BAGIAN 4 — Pembebasan, Penebusan & Antargenerasi

Kepada semua orang yang merencanakan kehancuranku, yang diam-diam menyimpan dendam terhadap kesuksesanku, aku bebaskan pikiran dan jiwamu dari belenggu itu.

Saya menuntut agar Anda membiarkan saya pergi.

**Lepaskan aku dari hatimu.**
**Lepaskan aku dari jiwamu. Lepaskan aku dari pikiranmu.**

Aku menetapkan dan menyatakan bahwa siapa pun yang dibebaskan oleh Putra , ia benar-benar bebas.

Jika aku tanpa sengaja menyakiti atau mengecewakan siapa pun, Bapa, bebaskanlah aku dari belenggu rasa tersinggung, ketidakmaafan, kepahitan, kebencian, dan ketidakpedulian.

**Saya menyesali ketidaktahuan dan ketidakdewasaan saya.**
**Jangan biarkan masa laluku memengaruhi masa depanku secara negatif.**
**Aku membebaskan diri dari harapan yang tidak realistis, penjara psikologis, hal-hal yang dangkal, identitas palsu, keterikatan ego, ikatan jiwa, label, dan stigma yang merusak jati diriku di dalam Kristus.**
**Saya mengakui identitas asli saya.**
**Aku nyatakan bahwa hari ini adalah fajar hari yang baru.**
**Aku membatalkan setiap hutang fisiologis, emosional, dan finansial yang disebabkan oleh setan dengan darah Yesus Kristus.**

Selamatkan jiwaku dan jiwa orang-orang yang kukasihi, karyawan, pelayanan, bisnis, dan pemerintah dari pasar setan.

Bebaskan aku dari roh Yudas — dari teman, orang yang kukasihi, kolega, rekan kerja, mitra bisnis, karyawan, dan semua orang yang telah mengkhianatiku.

Bapa, aku menetapkan dan menyatakan bahwa aku telah dibebaskan.
Engkau telah membebaskanku.

Hari ini, sesuai dengan **Mazmur 9:15** , **Mazmur 72:14** , dan **Yeremia 31:11-14** , saya menyatakan bahwa jiwa saya telah dibebaskan dan ditebus oleh darah Yesus dari pasar-pasar setan dan dari kuasa-kuasa enam wilayah dunia bawah.

Jiwaku tak akan dijadikan sandera.
Kota itu tidak akan dikepung.

**Aku berhasil melepaskan diri dari jerat pemburu burung.**
**Aku terbang dengan sayap seperti elang.**
**Aku menggunakan dan menerapkan darah Yesus Kristus, yang telah menebus segala sesuatu yang menyangkut hidupku, takdirku, dan tujuanku.**

Aku telah ditebus.

**Keluargaku telah ditebus.**
**Masa depanku telah ditebus.**
**Keuangan saya telah dirampas.**

Aku mengamankan masa depan dan takdirku di dalam Kristus Yesus.

Saya mengamankan masa depan orang-orang yang saya cintai, pelayanan saya, dan komunitas saya di dalam Kristus.

Aku menjamin masa depan saudara-saudaraku, anak-anakku, cucu-cucuku, anak baptisku, keponakan-keponakanku, bibi-

bibiku, paman-pamanku, sepupu-sepupuku, orang tuaku, kakek-nenekku, mertua-mertuaku, dan keluarga besarku dalam nama Yesus.

Bebaskan jiwa mereka dari kekuatan dunia bawah.

Saya menetapkan dan menyatakan bahwa mereka tidak akan menjadi korban perzinahan, prostitusi, pornografi, atau kekerasan geng.

**Mereka tidak boleh mengemis makanan.**
**Mereka tidak akan mengalami tunawisma atau ketidakberdayaan.**
**Mereka tidak boleh meninggal sebelum waktunya atau karena kecanduan.**
**Mereka tidak boleh menjadi sekadar statistik atau putus sekolah.**
**Mereka tidak boleh tergoda untuk menjauh dari kasih Allah.**

Selamatkan jiwa mereka dari pasar dan penjara setan.

Singkirkan hukuman mati dari hidup mereka dan gantikan roh maut dengan Roh kehidupan dalam Kristus Yesus.

Aku memveto dan membatalkan kutukan dalam garis keturunan kita.

Kami menetapkan dan menyatakan bahwa keluarga kami telah diselamatkan.

Kita membebaskan diri dari belenggu yang terkait dengan berhala, kutukan, doa sihir, pengorbanan darah, keinginan jahat, pernikahan yang diatur secara setan, mempelai Setan, astrologi, tanda-tanda astrologi, terlibat dalam ilmu hitam, papan Ouija, juju, voodoo, proyeksi astrologi, ritual pemanggilan arwah, kartu tarot, membaca daun teh, dan membaca telapak tangan dalam nama Yesus.

Kami menetapkan dan menyatakan bahwa keluarga kami bebas dari ilmu hitam.

Kami bebas dari Santería dan dari segala bentuk aktivitas setan dalam nama Yesus.
Bapa, aku bersyukur kepada-Mu karena Engkau menyelamatkan kami setiap hari.

Bapa, dalam nama Yesus dan oleh darah Kristus, kami membalikkan efek suntikan setan, mantra kutukan, dan endapan yang ditempatkan dalam makanan, vitamin, air, dan resep obat kami.

**Kami membalikkan efek implan setan yang menyebabkan kecanduan, mutasi sel, proliferasi penyakit, kelainan bentuk, kecacatan, abnormalitas, perubahan bentuk tubuh, kelumpuhan, disabilitas, demensia, lesu, insomnia, pertumbuhan terhambat, perkembangan terhambat, kebingungan, sistem kekebalan tubuh yang tertekan, gangguan perhatian, hiperaktivitas, gangguan bipolar, penyakit yang tidak dapat disembuhkan, kanker, komplikasi organ, tumor, kista, aneurisma, cacat lahir, komplikasi saat melahirkan, dan keguguran spontan.**

Kami membalikkannya dalam nama Yesus.

Bapa, kami bertobat dari semua perjanjian dan kontrak yang telah kami buat, baik secara sadar maupun tidak sadar, dengan roh-roh jahat.

Kami bertobat karena menerima nasihat dari roh-roh jahat dan wakil-wakil setan.

Bapa, kami menetapkan dan menyatakan bahwa organ reproduksi roh kami bebas dari segala bentuk penetrasi setan.

Bapa, kami bertobat karena telah berlutut di hadapan berhala, kepada citra budaya anti-Kristus, menganut ajaran setan, dan menerima filosofi ideologis setan serta ajaran sesat keagamaan.

Bapa, selamatkanlah kami dengan kebenaran-Mu, karena firman-Mu adalah kebenaran.

Ampunilah kami dari segala kesalahan, kesalahpahaman, kedengkian, hawa nafsu, pembenaran, ketidakpedulian, dan kekerasan hati.

Bapa, kami menetapkan dan menyatakan bahwa si jahat tidak mempunyai tempat di dalam diri kami.

Kami menyatakan kemerdekaan kami dari setiap benteng ini. Sucikan pikiran kita dengan pembasuhan Firman. Ciptakanlah dalam diri kami hati yang bersih dan perbaharuilah roh yang benar dalam diri kami.

Semoga perkataan mulut kami dan renungan hati kami berkenan di hadapan-Mu, ya Tuhan, kekuatan dan Penebus kami.

Jagalah mulut kita dan tutuplah bibir kita.

Jangan sampai ada perkataan buruk keluar dari bibir kita.

Tanamkan buah Roh Kudus di atas kelemahan temperamen kita dan kecenderungan daging kita.

Sembunyikan kami di dalam kemah-Mu dan di tempat rahasia Yang Mahatinggi .

Bimbinglah kami di jalan kebenaran demi nama-Mu.

Kami menetapkan dan menyatakan bahwa kami berjalan dalam integritas.
Dan barangsiapa yang dibebaskan oleh Sang Putra , saya tegaskan kembali, ia benar-benar bebas.

## BAGIAN 5 — Memutus Ikatan & Kutukan

Menurut **Ulangan 32:13** dan **Ayub 29:6** , buatlah kami menunggangi tempat-tempat tinggi di bumi, makanlah hasil ladang, hisaplah madu dari batu karang, basuhlah langkah kami dengan mentega, dan keluarkanlah minyak dari batu karang yang keras.

Kami menetapkan dan menyatakan bahwa masa lalu kami telah berlalu, dan kami terus berjuang menuju tujuan panggilan luhur Allah di dalam Kristus Yesus.

Ampuni kami, Bapa, atas keduniawian kami. Bersihkan pikiran kami dari agenda tersembunyi.

Kami menetapkan dan menyatakan bahwa kaki kami telah dibebaskan dari jerat musuh yang menyebabkan perbudakan, kelumpuhan, dan ketidakberdayaan.

Bapa, kami menetapkan dan menyatakan bahwa kami bebas untuk maju guna memenuhi tujuan kami dan memaksimalkan potensi kami.

**Kita tak bisa dilawan.**
**Kita tak bisa dihentikan. Kita tak bisa dihalangi. Kita tak bisa dicegah.**

Wilayah kita diperluas.

Kita tidak akan dipinggirkan, dikucilkan, atau ditahan di dalam gua.

Kita tidak akan ditahan, ditoleransi, ditindas, disakiti, dirantai dalam luka, dipendam dalam kepahitan, atau terjebak dalam ketidakpercayaan atau depresi.

Kita tidak akan dirampas hak warisnya atau dihalangi untuk maju dan naik pangkat.
Bapa Surgawi, Allah yang supranatural, Allah Abraham, Ishak, dan Yakub, Allah yang membuat dan menepati perjanjian, berilah kami rahmat, keberanian, dan kemampuan untuk meninggalkan yang lama dan melangkah ke yang baru.

Putuskan semua ikatan dan keterikatan jiwa yang tidak pantas dan jahat.

Berikanlah kami hikmat, pemahaman, dan petunjuk untuk menegosiasikan kembali hubungan perjanjian lama.

Ungkapkan kepada kami gerbang-gerbang yang dibuka secara ilahi.

Ungkapkan kepada kami tugas, agenda, dan jadwal harian Anda agar kami dapat beroperasi sesuai jadwal yang tepat.

Bapa, kami menyatakan bahwa tidak ada roh atau individu mana pun yang akan menyebabkan kami menyimpang dari waktu yang telah ditetapkan Tuhan.

Kami selaras dengan waktu ilahi-Mu dan jadwal ilahi- Mu .

Oleh karena itu, Bapa, dalam nama Yesus dan dengan kuasa Roh Kudus, kami mematahkan kutukan yang terkait dengan kata-kata dan perbuatan yang sia-sia.

Padamkan obor-obor setan.

Membalikkan siklus jahat.

Bebaskan kami dari hubungan yang tidak menguntungkan dan memikat.

Batalkan semua rencana jahat.

Kami menolak dan melawan manipulasi dan para manipulator.

Kami membalikkan sabotase dalam nama Yesus.

Bapa, bebaskan kami dari hal-hal, kondisi, perilaku, pola pikir, aktivitas, dan orang-orang yang telah membelenggu kami, membatasi kami, mengikat kami, mencemari kami, menyesatkan kami, mengalihkan perhatian kami, dan mengendalikan kami.

Selamatkan jiwa kami dari mulut singa dan dari bisa ular.

Hancurkan roh ular dengan api-Mu, seperti ketika Engkau memimpin anak-anak Israel melewati padang gurun yang luas dan mengerikan itu, tempat ular berbisa dan kalajengking hidup, dan tempat kekeringan dan tanpa air.

Menurut **Lukas 10:19** , Aku mengambil tempat kekuasaan-Ku atas ular dan kalajengking dan menetapkan bahwa kita tidak akan menderita bahaya apa pun.

Kita melepaskan setiap keterikatan setan.

Ya Bapa, dengan api-Mu, keluarkan roh ular dari bebatuan tempat ia bersembunyi.

Biarlah api-Mu menghancurkannya sepenuhnya dalam nama Yesus.
Bapa, kami menyatakan bahwa kami merdeka.

Biarlah kuasa penawar racun dari darah Yesus Kristus melindungi kita dari aktivitas berbisa roh ular.

Jadikan aktivitas-aktivitas beracunnya menjadi tidak berdaya dalam hidup kita dan dalam kehidupan orang-orang yang kita cintai, rekan kerja, karyawan, dan kolega seiman kita.

Pasang kail di mulut Leviathan.

Kita tahu kita tidak bisa melawan kekuatan ini sendirian. Engkau adalah **Yehova Gibbor** , Allah Yang Mahakuasa.

Dalam nama Yesus , kami memohon kepada-Mu untuk menghancurkan pengaruh yang telah ditimbulkan Setan terhadap komunitas kami, negara kami, dan bangsa kami.

Kami menyerukan bantuan kepada setiap lembaga.

Bapa, kami senantiasa berdoa untuk keluarga, pernikahan, gereja, sekolah, dan pemerintahan.

Bebaskan kami dari belenggu.

Kami menetapkan dan menyatakan bahwa perekonomian kami bebas dari resesi dan litigasi.

Dalam nama Yesus , kami menetapkan dan menyatakan bahwa masyarakat dan komunitas kami bebas dari kekerasan, pengangguran, buta huruf, kemiskinan, tunawisma, pemerkosaan, kekerasan dalam rumah tangga, pelanggaran hukum, inses, alkoholisme, penyalahgunaan narkoba, penyimpangan seksual, sekularisasi, sihir, aktivitas kultus, teknologi setan, ilmu sihir, kekeringan, kesulitan ekonomi, penyakit menular sosial, anti-Semitisme, aborsi, kejahatan kebencian, pembersihan etnis, ketidakpedulian, dan keadaan linglung akibat pengaruh setan.

Bapa, kami menetapkan dan menyatakan bahwa keluarga-keluarga terbebas dari kekerasan dalam rumah tangga yang disebabkan oleh setan, inses, disfungsi, kelaparan, kekurangan, rasa malu, pelecehan anak, dan penelantaran.

Pernikahan kami bebas dari perselingkuhan, perzinahan, kekerasan dalam rumah tangga, pelanggaran perjanjian, perceraian, serta penelantaran emosional, fisik, dan finansial.

Bisnis kami bebas dari kejahatan kerah putih, kebangkrutan, dan kehilangan pelanggan serta klien.

## BAGIAN 6 — Kepemimpinan & Pemerintahan

Sekolah, perguruan tinggi, dan universitas kami bebas dari ketidaktahuan, indoktrinasi sekuler dan humanistik, penyimpangan, kekerasan geng, narkoba, praktik prostitusi ilegal, penyimpangan perilaku, dan buta huruf.

Gereja-gereja kami bebas dari kompromi, kedagingan, sikap suam-suam kuku, keduniawian, anti-Semitisme, humanisme, perpecahan, penganiayaan, kontrol agama, denominasionalisme, amoralitas, dan transaksi yang tidak etis.

Pemerintahan kami bebas dari tirani, kediktatoran, kudeta, keserakahan, korupsi, pencurian, kekejaman, kekerasan, ketidakpekaan, fanatisme, dan prasangka.

Kami menyatakan dan menetapkan bahwa pemerintahan yang adil dan bermoral menggantikan pemerintahan tirani.

Kami menyatakan bahwa mereka yang berada di posisi tinggi dan berwenang yang tidak menginginkan kebaikan bagi kami digantikan oleh mereka yang menginginkan kebaikan bagi kami.

Membawa keselarasan pada pemerintahan kita dan para pemimpin dunia.

Kita tahu bahwa hati raja, ratu, presiden, wakil presiden, dan perdana menteri berada di tangan Tuhan.
Selamatkan para pemimpin dunia kita dan lindungi pikiran serta hati mereka dari penindasan dan godaan setan.

Berilah mereka kebijaksanaan untuk memimpin dengan kebenaran dan kasih sayang sebagai pendamping mereka.

Berikan mereka bimbingan moral dan etika.

Kami berdoa untuk para hakim, gubernur, parlemen, senator, pejabat kota, anggota kongres pria dan wanita, anggota DPR, mahkamah agung, hakim perdamaian, petugas polisi, petugas pemadam kebakaran, anggota legislatif negara bagian, gubernur federal dan negara bagian, perencana kota, politisi, dan pembuat kebijakan.

Kami berseru agar setiap sistem diselaraskan dengan kehendak ilahi dalam nama Yesus.

Hadirkan keselarasan ilahi pada setiap aspek sistem ini:

**Sistem lingkungan.**
**Sistem pendidikan. Sistem ekonomi. Sistem budaya. Sistem pertahanan. Sistem spiritual. Sistem medis. Sistem hiburan. Sistem teknologi. Sistem pemerintahan dan politik. Sistem astronomi. Sistem sains.**

Aku menetapkan dan menyatakan bahwa lingkungan, komunitas, kota, paroki, kabupaten, dan bangsa kita akan bangkit dan bersinar, karena terangmu telah datang dan kemuliaan Tuhan telah terbit atasmu.

Kamu akan makmur dan berada dalam kondisi ekonomi yang baik, sebagaimana jiwa-jiwa penduduk kota-kota, komunitas-komunitas, dan negara-negara ini akan makmur.

Kamu harus menaati perintah-perintah Allah.

Kamu akan mengenal Allah Abraham, Ishak, dan Yakub.

Kekayaan laut akan dimanfaatkan dan memberikan dampak positif bagi perekonomian negara-negara.

Kamu akan mengenal Yehuwa, satu-satunya Allah yang benar.

Gerbangmu akan menerima kekayaan bangsa-bangsa.

Anda akan diberi makan dan memelihara kehadiran seorang raja.
Alih-alih perunggu, Tuhan akan memberimu emas.

Sebagai ganti batu, Tuhan akan memberimu perak.

Kekerasan tidak akan lagi terdengar di negerimu.

Kedamaian akan menjadi penguasamu dan kebenaran akan menjadi pemimpinmu.

Kamu tidak akan mengalami kehancuran dan kerusakan.

Sebagai sebuah bangsa, kamu tidak akan runtuh, dan kehancuran tidak akan tetap berada di dalam perbatasanmu.

Kejahatan dan kegelapan akan diberantas, karena Allah akan menjadi terang dan kemuliaanmu yang kekal.

Hari-hari kesedihan, perjuangan, dan kesulitanmu akan segera berakhir.

Hati umat akan kembali bersukacita ketika mereka menaruh harapan mereka kepada Tuhan.

Kesedihan dan depresi Anda akan digantikan dengan sukacita Tuhan.

Kekuranganmu akan digantikan dengan kelimpahan.

Prasangka dan pengkhianatanmu akan digantikan dengan perayaan keberagaman bangsa dan budaya.

Kasih karunia Tuhan akan meliputi kamu seperti air yang menutupi laut.
Putra dan putri negerimu akan tumbuh menjadi pemimpin besar, inovator, pelopor, dan teladan keunggulan, kejujuran, integritas, kredibilitas, kebenaran, dan perilaku etis.

## BAGIAN 7 — Perang Pribadi

Aku memenggal kepala kekuatan-kekuatan mirip ular boa yang berusaha mencekik, membekap, menghambat, membungkam, dan menghancurkan.

Biarlah pedang Roh memenggal kepala roh seperti kobra yang menyerang dengan lidahnya dan bertanggung jawab atas hipnotis , rayuan, teror, keterikatan ego, manipulasi, pengendalian pikiran, aktivitas pengubah takdir, sihir hitam, sihir putih, ramalan, demonologi, gerakan Zaman Baru, Santería , kutukan, sihir, mantra, penetrasi mimpi, penipuan, dan fokus yang terpecah.

Biarlah api Allah yang menghanguskan menghancurkan roh seperti ular piton yang menguasai, menciptakan beban palsu, membuat jengkel, dan menelan berkat-berkat.

Segala sesuatu yang telah ditelan, dikuasai, atau membuat musuh jengkel, Aku perintahkan untuk dimuntahkan, dikeluarkan, dan dilepaskan.

**Aku perintahkan anak-anak kita untuk dibebaskan.**
**Aku perintahkan agar pernikahan kita dibebaskan.**
**Saya perintahkan agar uang kita dilepaskan.**
**Saya perintahkan bisnis kita untuk dibebaskan.**
**Aku perintahkan agar kesempatan kita terwujud.**
**Aku perintahkan kekayaan kita untuk dilepaskan.**
**Aku perintahkan takdir kita untuk dibebaskan.**
**Saya perintahkan agar kesuksesan kita dirilis.**
**Aku perintahkan rumah-rumah kita dibebaskan.**
**Aku perintahkan tujuan kita untuk diwujudkan.**
**Aku perintahkan mukjizat kita dilepaskan.**
**Dalam nama Yesus, curahkanlah berkat-berkat kami .**

Bapa, kami memuji-Mu.

Kami tahu bahwa Engkau mendengar kami bahkan saat ini. Kami berhenti sejenak untuk mempersembahkan pujian kepada-Mu.

Kami memuliakan-Mu.

Kami memuji-Mu, ya Tuhan, karena kami menyadari bahwa tanpa doa, seolah-olah tidak terjadi apa-apa.

Bapa, kami naik ke kuasa doa yang lebih tinggi.

**Kita beralih ke posisi kekuasaan dan otoritas.**
**Kami mengucap syukur kepada-Mu, ya Tuhan, atas mereka yang mendengarkan.**
**Kami bersyukur kepada-Mu bahwa hidup mereka sedang berubah.**
**Kami bersyukur kepada-Mu atas perubahan ilahi ini.**

Segalanya akan berubah.

Mereka harus berubah.

Bapa, kami memohon kepada takhta surga.

Kami bersyukur kepada-Mu bahwa meskipun kami berhasil dalam doa, banyak orang dalam Alkitab mengangkat hati dan semangat mereka karena mereka mengerti bahwa jika Engkau tidak campur tangan, maka tidak akan ada campur tangan sama sekali.
Sama seperti anak-anak Israel berseru kepada-Mu dan Engkau mengutus para penyelamat kepada mereka, demikian pula hari ini kami berseru kepada-Mu.

Biarkan mereka keluar dari kubur.

Biarkan mereka keluar dari balik tembok.

Kita memanggil anak-anak Allah.

Kami perintahkan mereka untuk dibebaskan dalam nama Yesus.

Bapa, dalam nama Yesus, lepaskanlah segala sesuatu yang telah ditahan dan diredam musuh secara ilegal.

Biarlah kuasa Roh Kudus dan kuasa dari atas menghancurkan roh yang seperti ular berbisa yang menyebabkan pencemaran berbisa dan gosip jahat.

Biarkan lidah mereka menempel di langit-langit mulut mereka.

Roh ini menyebabkan hubungan yang beracun dan berbahaya.

**Hal itu menyebabkan rasa sakit dan ketidaknyamanan.**
**Hal itu menimbulkan kebingungan.**
**Hal itu menyebabkan hilangnya sukacita, kedamaian, keuangan, serta sumber daya alam dan spiritual.**

Bapa, aku menetapkan dan menyatakan bahwa tidak akan ada lagi pendarahan.

**Kegembiraan kita tidak akan bocor.**
**Kedamaian kita tidak akan bocor.**
**Sumber daya kita tidak akan terkuras lagi.**

Balut lukanya.

Bapa, kami menetapkan dan menyatakan bahwa kemerosotan, disorientasi, kekecewaan, dan kehancuran dihancurkan. Segala jenis malapetaka yang disebabkan oleh roh ini—tuduhan, hubungan yang penuh kekerasan, dan kematian—akan dibatalkan.

Saya menetapkan dan menyatakan bahwa ini dibatalkan.

**Kita telah dibebaskan.**
**Anak-anak kita telah dibebaskan.**
**Orang-orang terkasih kita telah dibebaskan.**

Kita campur tangan sekarang juga melalui doa.

Kami menggagalkan aktivitas roh-roh jahat ini dalam nama Yesus.

Bapa, kami menetapkan bahwa kami tidak akan menyimpan kepahitan, kebohongan, kecemburuan, fitnah, iri hati, pembangkangan, atau pelanggaran dalam hati kami terhadap siapa pun.

Roh-roh ini tidak akan mengendalikan kita.

Bebaskan kami dari emosi negatif.

Ayah, kita akan menghadapi para pemburu malam—mereka yang menyamarkan diri dan mereka yang bersembunyi di bawah bebatuan, menunggu saat yang tepat untuk menyerang.

Kita menyingkap kedok sandiwara mereka.

Kami menetapkan dan menyatakan bahwa penyamaran, kepalsuan, perkumpulan rahasia, kemunafikan, dan kepura-puraan telah terbongkar.
Kedok kebohongan terbongkar dalam nama Yesus.

Kemunafikan, kegiatan curang, ketidaksetiaan, dan penipuan—kami akan menghancurkanmu dengan kuasa Allah.

Kami menetapkan bahwa setiap senjata yang dibentuk melawan kami adalah tidak berdaya.

**Setiap ancaman yang dibangun terhadap kita selalu gagal.**
**Setiap perjanjian jahat dibatalkan.**
**Setiap kampanye fitnah pasti gagal.**
**Setiap kutukan jahat dibalik dan dikirim kembali kepada penciptanya dua kali lipat.**
**Setiap ular rohani, serigala berbulu domba, gagak, burung nasar, lintah, dan vampir dilumpuhkan dalam nama Yesus.**

## BAGIAN 8 — Perang Pribadi

Bapa, hancurkan roh yang menyerupai anaconda itu.

Selamatkan kami dari air yang besar, roh-roh air, roh-roh laut dalam, dan roh-roh dunia bawah.

Bapa, kami menetapkan dan menyatakan bahwa kami tidak akan diliputi atau tenggelam dalam kesedihan, duka cita, depresi, ketidakberdayaan, keputusasaan, atau kematian dalam nama Yesus.

Engkau telah membebaskan kami. Barangsiapa yang dibebaskan oleh Anak, ia benar-benar bebas.

Bapa, kami bersyukur kepada-Mu, ya Tuhan. Kami akan keluar.

Kami tidak kehabisan napas.

Kita tidak kehilangan kendali.

Bapa, Engkau yang mengendalikan hidup kami.

Kita seperti Ayub. Kita berkata, "Sekalipun Engkau membunuh kami, namun kami tetap percaya kepada-Mu," karena kami tahu bahwa Penebus kami hidup.

Ya Tuhan, timpakanlah teror ke hati musuh-musuh kami dengan guntur-Mu, hujan es, dan bara api.

Hancurkan mereka dengan api, petir, dan penghakiman yang membakar.

Jadikan panah-panah-Mu terang dan hentikanlah di jalurnya.

Buat senjata beracun mereka yang berbentuk taring menjadi tidak efektif.

Patahkan taring mereka.

Berikanlah kami kekebalan melalui kuasa antivirus dari darah Yesus Kristus.

Hancurkan telur-telur ular—hasil karya kegelapan yang berupa sarang, janin, dan inkubasi—sebelum menetas.

Hancurkan roh jahat seperti ular berbisa itu dalam nama Yesus.

**Kami menetapkan dan menyatakan bahwa meskipun roh-roh ini berusaha untuk bersarang dan merencanakan kejahatan mereka, kami tidak akan dirugikan oleh roh-roh Yudas, Izebel, Ahitofel, Absalom, Haman, Sanbalat orang Horon , Tobia orang Amon, Firaun, dan Kain.**

Biarlah pedang musuh kita menembus jantung mereka sendiri ketika mereka membidikkan busur mereka.

Biarkan senjata mereka hancur tak dapat diperbaiki lagi.

Biarkan anak panah mereka hancur berkeping-keping.

Padamkan api ular terbang berapi itu dan sebabkan ia jatuh hingga mati dan hancur.

Biarlah musuh dipukul mundur dan dipermalukan, mereka yang merencanakan kejahatan terhadap kita.

Dalam nama Yesus, remukkan kepala musuh dan lukai kulit kepala orang jahat.

Biarlah dia terbunuh oleh kejahatannya sendiri dan tidak pernah bangkit lagi.

Biarlah roh penipu Laban, yang beroperasi di pasar, terbongkar.

Lumuri dia dengan rasa malu dan kehinaan saat Engkau membuatku menang atasnya.

**Aku memiliki kuasa atas roh-roh manusia yang digunakan sebagai tuan rumah, hotel, dan wisma setan—baik mereka teman, kerabat, mitra bisnis, kolega, rekan, putra dan putri rohani, atau anak didik.**

Bapa, singkapkan isi hati mereka.

Ungkapkan motif dan niat mereka.

Singkapkan identitas teman, rekan, karyawan, dan kolega palsu dalam nama Yesus.

Hentikan penyamaran mereka.

Ungkapkan identitas asli mereka.

Ungkapkan agenda tersembunyi mereka.

Ungkapkan motif tersembunyi di balik misi jahat mereka.

Biarlah penyelidikan jahat, misi pencarian kesalahan, proyeksi astral, dan saran jahat gagal.

Biarlah mereka gagal sekarang juga, dalam nama Yesus.

Bapa, kami menetapkan dan menyatakan bahwa tangan-Mu terulur, membutakan mata jahat para pengintai dan pengawas setan.

Hancurkan persaingan dan kompetisi yang didasari rasa iri hati.

Hancurkan tulang punggung konspirasi, tirani, dan pengkhianatan.

Para pengamat setan yang buta dan mereka yang ikut campur melalui perangkat astrologi dan okultisme.

Membuat telinga roh-roh yang menguping menjadi tuli.

Kita menolak roh-roh antagonis, roh-roh kuno, roh-roh yang mengganggu, roh-roh irasional, roh-roh yang diperkuat, roh-roh yang membuat frustrasi, roh-roh yang membalas dendam, roh-roh yang memprovokasi, roh-roh pendusta, roh-roh yang menantang, dan roh-roh yang menipu.

Roh-roh jahat, roh-roh Filistin, dan roh-roh Amorit dimusnahkan.

Kita menentang roh-roh yang mematikan pikiran dan mengendalikan, serta melarang mereka membajak pikiran yang berasal dari pikiran Kristus.

Wawasan dan wahyu ilahi akan mengalir.

Ide-ide kreatif dan penemuan-penemuan cerdas akan mengalir.
Kebijaksanaan akan mengalir.

Konsep, strategi, dan taktik mutakhir kami akan mengalir dengan lancar.

Hal-hal yang musuh coba halangi kini akan mengalir.

Ide-ide kita akan mengalir.

Kebijaksanaan kita akan mengalir.

Konsep-konsep mutakhir kami akan mengalir.

Kami akan beroperasi di garis terdepan inovasi dan keunggulan dalam industri dan bidang kami atas nama Yesus.

Kami membutakan jaringan dan aliansi setan.

Biarkan komunikasi jahat mereka menjadi kacau.

Buat mereka bingung.

Pisahkan lidah mereka.

Gagalkan rencana mereka.

Permalukan mereka yang berusaha menghancurkan kita dalam nama Yesus.

Menurut Mazmur 69:22-28:

**Biarkan meja mereka menjadi jebakan di hadapan mereka.**
**Biarkan apa yang seharusnya untuk kesejahteraan mereka menjadi jebakan.**
**Biarlah mata mereka digelapkan sehingga mereka tidak dapat melihat.**

Buat pinggang mereka terus-menerus bergoyang.
Curahkanlah murka-Mu atas mereka.

**Biarlah murka-Mu menimpa mereka.**
**Biarlah tempat tinggal mereka menjadi sunyi.**

**Janganlah ada seorang pun yang tinggal di tenda-tenda mereka, rumah-rumah mereka, tempat tinggal mereka, atau istana-istana mereka.**

Tambahkanlah kejahatan kepada kejahatan mereka, dan jangan biarkan mereka datang kepada kebenaran-Mu.

Biarlah nama mereka dihapus dari kitab orang hidup dan tidak ditulis bersama nama orang-orang benar.

## BAGIAN 9 — Pernyataan Nubuat Pribadi

Saya menolak setiap kemajuan yang dirancang untuk menghancurkan hidup saya, pengaruh saya, pelayanan saya, bisnis saya, kemakmuran saya, hubungan saya, dan peluang saya.

Aku membebaskan diri dari belenggu setan dan menolak sihir.

Bapa, putuskanlah ikatan rohani, perjanjian, kontrak, kewajiban, dan sumpah yang melanggar hukum dalam nama Yesus.

Saya membalikkan kontaminasi setan.

Biarlah darah Yesus menyucikan dan membersihkan jiwa dan rohku.

Dalam nama-Mu aku terbebas dari setiap pikiran jahat, kekuatan psikis, proyeksi, sugesti, dan sindiran yang dirancang untuk mengecilkan hati, menyesatkan, atau membingungkan.

Hancurkan transfer spiritual jahat.

Batalkan ikatan jiwa ilegal dan keterikatan ego.

Singkap dan putuskan setiap hubungan yang tidak saleh.

Basuhlah aku, maka aku akan bersih.

Bebaskan aku dari manipulasi emosional setan.

**Aku meniadakan roh-roh sabotase, rayuan, dan penipuan.**
**Saya tidak akan dilemahkan, diremehkan, atau dianggap remeh.**

**Saya membatalkan pencemaran nama baik melalui fitnah.**
**Saya membalikkan reputasi buruk dan stigma yang timbul akibat pergaulan.**
**Aku menyatakan bahwa semua pencemaran diluruskan kembali oleh darah Yesus.**
**Saya menyatakan bahwa nama saya dikaitkan dengan kejujuran, integritas, kebenaran, kekudusan, keteguhan hati, dan kemurnian.**

Gagalkan dan sia-siakan rencana para peramal jahat.

Bapa, batalkanlah ketetapan jahat.

Kecewakan mereka yang bertindak dengan semangat Haman.

Membatalkan dan memveto undang-undang, kebijakan, dan peraturan yang berasal dari pihak yang jahat.

Ungkapkan dan permalukan musuh dalam segala rencana, strategi, taktik, konspirasi, dan cara-cara licik mereka.

Aku memberikan perlawanan.

Biarlah api Tuhan menghancurkan aktivitas musuh.

Mereka yang telah membangun jerat setan dan perangkap iblis—semoga rencana mereka dibatalkan dan tugas mereka digagalkan.

Ungkap dan bongkar para kolaborator dan kerja sama jahat.

Biarlah mereka yang telah berkumpul melawan aku tercerai-berai dan tidak pernah berkumpul kembali.

**Biarlah mata mereka digelapkan sehingga mereka tidak dapat melihat.**

**Tutup telinga mereka agar mereka tidak bisa mendengar.**
**Biarkan mereka mencari nafkah di tempat-tempat terpencil.**

Ulurkanlah tangan-Mu kepada mereka dan tutupi mereka dengan celaan, kehinaan, dan rasa malu.

Kejar mereka dengan badai penghakiman dan gelombang ketidakpuasan.

Buat mereka takut pada panah di siang hari dan teror di malam hari.

Bangkitlah, ya Tuhan, dan biarlah musuh-musuh-Mu tercerai-berai.

Tutup setiap pintu dan gerbang menuju Setan.

Larang dia memasuki properti saya.

Jadilah apiku di malam hari dan asapku di siang hari.

Jangan biarkan musuh melacak atau menelusuri keberadaanku saat aku maju dalam tugas kerajaanku dan memenuhi tujuanku.

Semoga setiap agen setan yang ditugaskan untuk menunda atau memperlambat berkat-berkat-Ku menjadi frustrasi, gagal, dan terhalang dalam melaksanakan tugas mereka.

Semoga setiap firman nubuat atas hidupku terwujud pada waktu dan musim yang tepat.

Bapa, saya tegaskan kembali bahwa waktu saya berada di tangan-Mu.

Hendaklah setiap aktivitas setan yang terkait dengan kesulitan keuangan, kegagalan, dan kemunduran dihentikan.

Ya Tuhan, lumpuhkanlah apa yang menghalangi aku untuk meraih kebesaran.

Singkirkan setiap batu dan bongkahan batu yang menghalangi terobosan finansial, sosial, fisik, dan spiritual saya dalam nama Yesus.

Menetralkan efek dari semua operasi setan.

Gulingkan meja-meja perundingan, konsultasi, dan pertukaran yang bersifat setan.

Saya nyatakan bahwa setiap meja kejahatan telah dibalikkan.

Hancurkan setiap perangkat, strategi, dan teknologi jahat yang dirancang untuk kegagalanku.

Aku menang oleh darah Anak Domba dan oleh firman kesaksianku.

Melalui Kristus, aku menerobos penjaga gerbang iblis dan para penjaga pintu gerbang.

Belahlah gerbang dari kuningan dan palang-palang dari besi.

Bukalah mata dan telingaku terhadap hal-hal Roh Kudus.

Gulingkan dan batalkan perintah-perintah roh yang menyebabkan kebutaan dan ketulian rohani serta upaya untuk membungkam suaraku.

Aku meninggikan suaraku seperti terompet di Sion untuk menyatakan bahwa Yesus adalah Tuhan.

Aku menyatakan bahwa Dia berkuasa dan memerintah atas hidupku dan atas wilayah ini.

Karena alasan inilah Anak Allah dinyatakan: agar Ia dapat menghancurkan pekerjaan musuh.

Terangi kegelapan dengan cahaya hadirat-Mu—pencerahan, hikmat, wawasan, dan kuasa.

Jangan biarkan kegelapan memahami, menangkap, atau menghalangi terpenuhnya tugas-Mu.

Saya menyingkirkan setiap sosok kuat yang terkait dengan kebutaan spiritual dan ketidakmampuan untuk mendengar suara Tuhan.

Aku mengikatmu pada tugas baru—untuk menjadi alas kaki Yesus Kristus.

Aku perintahkan penjara dan tembok untuk runtuh.

Aku menerobos setiap kekuatan iblis yang menentang takdir, tujuan, gairah, hal-hal ilahi, kesuksesan, kemakmuran, dan Kristus.

Demi Engkau, ya Tuhan, aku menerobos pasukan.

Melalui-Mu aku melompati tembok menuju alam baru yang penuh kemungkinan dan peluang tak terbatas—alam tanpa batas dan tanpa sekat.

Aku menyusup ke tempat yang kaya raya.

Saya terhubung dengan alam supranatural di mana saya berkembang, makmur, dan terpelihara.

Aku menetapkan dan menyatakan: di dalam Engkau aku hidup, di dalam Engkau aku bernapas, dan di dalam Engkau aku berada.

Aku hidup di Goshen kenabianku.

Ya Tuhan, aku nyatakan bahwa lingkup pengaruhku diperluas.
Setiap roh yang menyebabkan kecelakaan, kehancuran, dan kematian dini—baik melalui jalur air, jalan raya, atau jalur udara—aku berkuasa atasmu sekarang.

**Aku mengikatmu dengan api ilahi dan tabir asap surgawi.**
**Aku membutakanmu dengan api ilahi dan tabir asap surgawi.**
**Saya menetapkan dan menyatakan bahwa sistem GPS setan Anda mengalami kerusakan dan hancur tanpa bisa diperbaiki.**

Setiap aktivitas yang tidak sah dihentikan dalam nama Yesus. Saya membalikkan efeknya.

Ya Tuhan, Engkau telah memberikan kepadaku kuasa atas segala kekuatan musuh.

Kerajaan surga menderita kekerasan, dan orang-orang yang kejam merebutnya dengan paksa.

Oleh karena itu, aku memiliki harta milikku dan mengambilnya dengan paksa.

## BAGIAN 10 — Menyegel Doa & Pernyataan Penutup

Aku menyatakan sesuai dengan **Mazmur 92:8 dan 14** bahwa Tuhan adalah Yang Mahatinggi selama-lamanya.

Sebab sesungguhnya, musuh-musuh -Mu , ya Tuhan, sesungguhnya musuh-musuh-Mu akan binasa; semua pelaku kejahatan akan tercerai-berai.

Tetapi tandukku akan Engkau tinggikan seperti tanduk lembu liar;
aku akan diurapi dengan minyak baru.

Mataku akan melihat keinginanku terhadap musuh-musuhku, dan telingaku akan mendengar keinginanku terhadap orang-orang jahat yang bangkit melawan aku.

Orang benar akan berkembang seperti pohon palem;
ia akan tumbuh seperti pohon aras di Lebanon.

Mereka yang ditanam di rumah Tuhan
akan berkembang di pelataran Allah kita.

Mereka akan tetap berbuah di usia tua;
mereka akan tetap segar dan subur.

Aku menyatakan bahwa waktuku berada di tangan-Mu.

Oleh karena itu, saya terbebas dari siklus, musim, kalender, dan jadwal yang bersifat iblis.

**Aku selaras dengan surga.**
**Aku berada di musim yang tepat. Aku berada dalam urutan ilahi.**
**Aku mengaktifkan masa-masa baik dan momen-momen penuh berkah,**

**dan aku menghancurkan roh-roh yang mengendalikan masa-masa buruk, masa-masa sulit, dan masa-masa penuh perjuangan.**
Karena waktuku berada di tangan-Mu,
aku menetapkan dan menyatakan bahwa tahun ini dan tahun-tahun yang akan datang akan dipenuhi dengan kejadian-kejadian supranatural yang menakjubkan yang akan mendatangkan sukacita besar bagiku.

Aku melepaskan jangkar-jangkar iblis yang menahanku dalam siklus—
siklus kemiskinan, kesulitan, kekurangan, perjuangan, penyakit kronis, dan penderitaan.

Aku menghancurkan jangkar-jangkar ini sekarang melalui Firman, melalui Darah, dan melalui Roh.

**Aku berlabuh di dalam Tuhan.**
**Saya nyatakan dan tetapkan bahwa perjuangan saya telah berakhir.**
**Aku menyatakan kejutan mendadak, peningkatan supranatural,**
**sukacita tertinggi di dalam Tuhan, kemuliaan yang berkelanjutan, kemurahan hati, kekayaan, kemakmuran, kuasa, dan pengaruh.**
**Aku diurapi untuk musim yang baru.**

Hal-hal lama telah berlalu, dan lihatlah, segala sesuatu telah menjadi baru.

Dengan pengurapan ini, saya memasuki musim baru
dan menyatakan musim baru yang penuh kekuatan, kedamaian, kesempurnaan, fokus, kemakmuran dalam pelayanan, dan kemuliaan.

**Saya nyatakan bahwa kepala saya tidak akan pernah kekurangan minyak segar.**

**Aku bertambah padat, konsisten, dan ampuh dalam nama Yesus.**
**Saya menetapkan bahwa minyak ini bertindak sebagai cap persetujuan atas hidup saya.**

***Ini mendukung saya.***
***Ini membekali saya. Ini memberdayakan saya. Ini memberi ruang bagi saya.***

Biarkan aku hidup dalam kelimpahan.

Bimbinglah aku menuju takdir kenabian dan kemaslahatan melalui Yesus Kristus,
di dalam Dia aku telah memperoleh warisan,
telah ditakdirkan sesuai dengan tujuan Dia
yang mengerjakan segala sesuatu menurut kehendak-Nya.

Aku menutup doa ini dalam nama Yesus
dan dengan kuasa Darah-Nya, Firman-Nya, dan Roh-Nya.

Sekarang kepada Dia yang mampu melakukan hal-hal yang luar biasa, jauh melebihi segala yang dapat kuminta atau kupikirkan
sesuai dengan kuasa yang bekerja di dalam diriku—
Dalam nama Yesus Kristus,
Saya akan mengakhiri tahun ini dengan baik
dan memulai setiap tahun baru dengan penuh semangat.

**Amin. Amin. Dan Amin.**

# Memahami Delapan (8) Waktu Sholat

Di seluruh Kitab Suci, doa dan kewaspadaan rohani sering dikaitkan dengan waktu-waktu tertentu untuk berjaga-jaga. Para penjaga ditempatkan untuk menjaga kota, memperingatkan bahaya, dan tetap waspada selama berbagai periode siang dan malam.
Dengan cara yang sama, orang percaya dipanggil untuk tetap waspada secara rohani.
Yesus memberi petunjuk kepada murid-murid-Nya:

*"Berjaga-jagalah dan berdoalah, supaya kamu jangan masuk ke dalam pencobaan."*
(Matius 26:41)

Panduan doa ini mengikuti ritme **delapan sesi doa** , yang mewakili momen-momen yang disengaja sepanjang hari untuk mengarahkan perhatian kita kepada Tuhan dalam permohonan syafaat.
Ritual jaga ini tidak memerlukan doa yang panjang. Bahkan beberapa menit yang terfokus selama setiap sesi jaga dapat menjadi sangat ampuh jika dilakukan secara konsisten.

**Regu Pertama — 06.00 pagi**
Awal hari.
Saat ini adalah waktu untuk mendedikasikan hari kepada Tuhan, menyelaraskan hati kita dengan tujuan-Nya, dan memohon bimbingan-Nya.

**Regu Kedua — 09:00**
Saatnya berdoa memohon hikmat, petunjuk, dan kekuatan untuk menjalankan tanggung jawab hari ini.

Banyak umat beriman menggunakan waktu ini untuk berdoa bagi para pemimpin di Gereja dan di berbagai bidang pengaruh.

**Regu Ketiga — 12:00 Siang**
Doa syafaat tengah hari.
Momen berjaga ini seringkali menjadi kesempatan untuk berhenti sejenak dan memfokuskan kembali pikiran secara spiritual, mendoakan keluarga, komunitas, dan bangsa di hadapan Tuhan.

**Regu Keempat — Pukul 15.00**
Waktu yang secara tradisional dikaitkan dengan doa di Gereja mula-mula (Kisah Para Rasul 3:1).
Saat ini adalah waktu yang tepat untuk berdoa memohon campur tangan ilahi dan terobosan.

**Regu Kelima — Pukul 18.00**
Upacara persembahan malam hari.
Saat hari berganti, doa ini mengajak umat beriman untuk berdoa memohon perlindungan, pemulihan, dan kedamaian.

**Regu Keenam — 21:00**
Waktu untuk merenung dan bersyukur atas apa yang telah Tuhan lakukan sepanjang hari.
Ini juga merupakan waktu untuk berdoa bagi Gereja dan bangsa-bangsa sebelum memasuki waktu jaga malam.

**Jaga Ketujuh — 00:00**
Doa tengah malam.
Sepanjang Kitab Suci, tengah malam sering kali menjadi waktu terobosan rohani (Kisah Para Rasul 16:25-26).
Jam tangan ini melambangkan peperangan spiritual dan permohonan yang lebih dalam.

**Jaga Kedelapan — 03.00**
Sebuah penjagaan yang penuh ketekunan dan doa kenabian. Secara historis, banyak pendoa syafaat menemukan bahwa jam ini merupakan waktu yang ampuh untuk kepekaan spiritual dan doa syafaat yang mendalam.

**Pengawasan Berkelanjutan**
Ketika individu, kelompok, dan gereja berdoa sepanjang waktu-waktu tersebut, hasilnya menjadi **rantai doa yang berkelanjutan** .
Pola ini mencerminkan seruan dalam Yehezkiel 22:30:
*"Aku mencari seorang di antara mereka yang akan membangun tembok dan berdiri di celah di hadapan-Ku untuk negeri itu."*
Saat umat percaya berpartisipasi dalam kegiatan jaga ini, mereka menjadi bagian dari gerakan doa syafaat yang lebih besar bagi Gereja dan bangsa-bangsa.

# PERKENALAN

## Seruan untuk Berdiri di Celah

Sepanjang Kitab Suci, setiap kali Tuhan ingin campur tangan dalam urusan bangsa-bangsa, Dia mencari pria dan wanita yang akan berdiri di celah melalui doa.

Nabi Yehezkiel mencatat isi hati Tuhan ketika Dia berfirman:

"Dan Aku mencari seorang di antara mereka, yang akan membangun pagar dan berdiri di celah di hadapan-Ku untuk negeri itu, supaya Aku tidak membinasakannya; tetapi tidak Aku temukan seorang pun."
— Yehezkiel 22:30

Pernyataan ini mengungkapkan prinsip spiritual abadi:
**Tuhan bekerja melalui para pendoa syafaat.**

Bangsa-bangsa bangkit dan runtuh. Budaya berubah. Sistem kekuasaan memengaruhi arah masyarakat. Namun di balik realitas yang terlihat ini terdapat kekuatan spiritual yang membentuk peristiwa di bumi.

Oleh karena itu, doa bukanlah sekadar aktivitas ibadah. Doa adalah **partisipasi pemerintahan bersama Tuhan** dalam urusan-urusan di bumi.

Doa syafaat mengundang surga untuk campur tangan dalam sistem duniawi.

**Tujuh Gunung Pengaruh**

Setiap masyarakat dibentuk oleh lingkup pengaruh utama yang menentukan nilai-nilai, budaya, dan arah. Lingkup pengaruh ini sering digambarkan sebagai **Tujuh Gunung Pengaruh** :

• Agama
• Keluarga • Pendidikan • Pemerintahan • Media dan Komunikasi • Seni dan Budaya • Bisnis dan Ekonomi

Pegunungan ini memengaruhi cara orang berpikir, apa yang dirayakan masyarakat, dan bagaimana suatu negara diperintah.

Ketika ranah-ranah ini dibentuk oleh kebenaran, masyarakat akan berkembang. Ketika ranah-ranah ini didominasi oleh korupsi atau kegelapan spiritual, seluruh generasi akan menderita akibatnya.

Oleh karena itu, orang percaya dipanggil tidak hanya untuk memberitakan Injil tetapi juga untuk **berdoa secara strategis bagi bidang-bidang pengaruh ini** , memohon kepada Tuhan untuk membangkitkan para pemimpin yang berintegritas dan bijaksana yang akan menyelaraskan sistem dengan tujuan-Nya.

**Kementerian Doa Syafaat**

Alkitab penuh dengan contoh individu yang berdiri di hadapan Tuhan untuk membela orang lain.

Abraham memohonkan pengampunan untuk Sodom. Musa memohonkan pengampunan untuk Israel. Daniel memohonkan pengampunan untuk pemulihan Yerusalem. Ester mempertaruhkan nyawanya untuk menyelamatkan bangsanya.

Yang terpenting, Yesus Kristus sendiri melanjutkan pelayanan doa syafaat hingga hari ini:

"Ia hidup selama-lamanya untuk menjadi perantara bagi mereka."
— Ibrani 7:25

Melalui Kristus, orang percaya diundang untuk berpartisipasi dalam pekerjaan doa syafaat yang berkelanjutan ini.

Rasul Paulus mengingatkan kita bahwa Roh Kudus juga membantu kita dalam panggilan ini:

"Roh Kudus sendiri yang memohonkan syafaat bagi kita dengan rintihan yang tak terucapkan."
— Roma 8:26

Dengan demikian, doa syafaat menjadi sebuah kemitraan antara:

• Orang percaya berdoa
• Roh Kudus membimbing • Dan Kristus menjadi perantara di hadapan Bapa.

**Berdoa Selama Empat Puluh Hari**

Buku kecil ini dirancang sebagai **panduan doa syafaat terstruktur selama 40 hari** yang dilakukan setiap tahun dari **tanggal 17 Maret hingga 25 April** .

Struktur tersebut meliputi:

• **10 aktivasi doa pembuka portal**
• **320 poin doa strategis**
• **Delapan sesi doa harian**
• **Landasan Alkitabiah untuk doa syafaat**

Doa-doa ini membangun otoritas spiritual, menghancurkan perlawanan, dan mengundang tujuan Tuhan ke dalam bangsa-bangsa.

Setiap hari puasa mencakup **delapan sesi doa** , yang mewakili momen spiritual yang berbeda sepanjang hari.

Jam tangan ini membantu umat beriman untuk tetap waspada secara spiritual dan selaras dengan tujuan Tuhan.

## Gerakan Pendoa Syafaat Global

Tugas ini tidak ditujukan untuk satu orang atau satu pelayanan saja.

Allah sedang membangkitkan jaringan global orang-orang percaya yang memikul beban doa syafaat bagi Gereja dan bagi bangsa-bangsa.

Melalui penerjemahan ke dalam berbagai bahasa dan partisipasi umat beriman di seluruh dunia, visinya adalah untuk memobilisasi **komunitas global yang terdiri dari lebih dari 10 juta pendoa syafaat** yang akan berdiri bersama dalam doa.

Para pendoa syafaat ini akan berdoa untuk:

• Pemurnian dan persatuan Gereja
• Keselamatan bangsa-bangsa • Kebijaksanaan bagi para pemimpin • Transformasi di Tujuh Gunung Pengaruh.

## Peran Anda dalam Tugas Ini

Baik Anda berdoa secara individu, dalam kelompok doa, atau sebagai bagian dari komunitas gereja, buklet ini menyediakan panduan terstruktur untuk membantu Anda terlibat dalam doa syafaat yang terfokus.

Anda diundang untuk berpartisipasi dalam jaga doa ini dengan iman, kerendahan hati, dan pengharapan.

Saat Anda berdoa sambil membaca halaman-halaman ini, ingatlah:

Doa mengubah suasana.
Doa mendatangkan campur tangan ilahi. Doa menyelaraskan bumi dengan surga.

Undangan tersebut tetap sama seperti sebelumnya:

**Berdirilah di celah itu.**

Dan melalui permohonan yang setia, semoga kehendak Allah terlaksana **di bumi seperti di surga.**

# Mandat Sang Perantara

## Abraham, Musa, Daniel, Yesus dan Roh Kudus: Berdiri di Celah

Sepanjang Kitab Suci, Tuhan mengungkapkan pola yang konsisten: ketika bangsa-bangsa menuju kehancuran, Tuhan mencari orang-orang yang akan berdiri di hadapan-Nya dalam doa.

Nabi Yehezkiel menangkap realitas ini dengan pernyataan yang kuat dari Tuhan:

*"Aku mencari seorang di antara mereka yang akan membangun tembok dan berdiri di celah di hadapan-Ku untuk negeri itu, supaya Aku tidak membinasakannya."*
(Yehezkiel 22:30)

Doa syafaat adalah tindakan berdiri di antara langit dan bumi—memohon belas kasihan, keadilan, dan tujuan Allah atas nama orang lain.

Alkitab menyajikan beberapa contoh kuat tentang mereka yang memenuhi peran ini.

### Abraham: Berdoa Syafaat untuk Kota yang Jahat

Abraham, bapak iman, termasuk di antara para pendoa syafaat paling awal yang tercatat dalam Kitab Suci.

Dalam Kejadian 18, Tuhan menyatakan kepada Abraham bahwa kota Sodom dan Gomora telah menjadi sangat rusak dan bahwa penghakiman sudah dekat.

Namun sebelum penghakiman dijatuhkan, Tuhan mengizinkan Abraham untuk mengetahui apa yang akan Dia lakukan.

*"Apakah Aku harus menyembunyikan dari Abraham apa yang akan Aku lakukan?"*
(Kejadian 18:17)

Alih-alih berdiam diri, Abraham melangkah maju dengan rendah hati dan berani untuk memohon belas kasihan.

Kejadian 18:22 mencatat sebuah momen yang luar biasa:

*"Namun Abraham tetap berdiri di hadapan Tuhan."*

Berdiri di hadapan Tuhan adalah sikap seorang pendoa syafaat.

Abraham memohon keadilan dan belas kasihan Tuhan, bertanya apakah kota itu dapat diselamatkan jika orang-orang saleh dapat ditemukan di dalamnya.

Dimulai dengan lima puluh orang dan secara bertahap mengurangi jumlahnya menjadi sepuluh, Abraham terus memohon belas kasihan.

Setiap permintaan disampaikan dengan kerendahan hati:

*"Lihatlah, aku yang hanyalah debu dan abu ini, telah memberanikan diri untuk berbicara kepada Tuhan."*
(Kejadian 18:27)

Perantaraan Abraham menunjukkan bahwa Tuhan mengundang mereka yang berjalan dekat dengan-Nya untuk berpartisipasi dalam urusan-Nya dengan dunia melalui doa.

## Musa: Memohon Syafaat untuk Bangsa yang Memberontak

Contoh lain yang ampuh tentang doa syafaat terdapat dalam kehidupan Musa.

Dalam Keluaran 32, bangsa Israel jatuh ke dalam penyembahan berhala dengan menyembah anak lembu emas. Pemberontakan mereka membangkitkan murka Tuhan, dan penghukuman tampaknya sudah pasti.

Namun Musa maju untuk memohonkan pertolongan.

Alih-alih menjauhkan diri dari umat, Musa justru berpihak kepada mereka dan mengacu pada janji-janji perjanjian Allah.

Dia berdoa:

*"Ya Tuhan, mengapa murka-Mu begitu hebat terhadap umat-Mu, yang telah Engkau bawa keluar dari Mesir dengan kuasa yang besar?"* (Keluaran 32:11)

Musa mengingatkan Tuhan akan perjanjian-Nya dengan Abraham, Ishak, dan Israel. Ia memohon kepada Tuhan atas nama-Nya di antara bangsa-bangsa dan meminta belas kasihan.

Melalui perantaraannya, penghakiman ditahan dan umat itu diselamatkan.

Momen ini mengungkapkan beberapa kebenaran tentang doa syafaat:

• Para pendoa syafaat mengidentifikasi diri dengan orang-orang yang mereka doakan.
• Para pendoa syafaat mengacu pada janji-janji dan karakter Allah. • Doa syafaat bertujuan untuk pemulihan, bukan kehancuran.

## Daniel: Berdoa Syafaat untuk Bangsa yang Tertindas

Berabad-abad kemudian, seorang perantara lain muncul pada masa krisis nasional.

Daniel hidup pada masa penawanan Israel di Babel. Ketika ia membaca nubuat Yeremia dan memahami bahwa masa penawanan akan segera berakhir, ia menanggapinya dengan doa dan pertobatan.

Daniel 9:3 menggambarkan sikapnya:

*"Lalu aku menghadapkan wajahku ke arah Tuhan Allah untuk memohon dengan doa dan permohonan, disertai puasa, mengenakan kain karung, dan abu."*

Doa Daniel sangat luar biasa karena ia tidak menjauhkan diri dari dosa-dosa bangsa itu.

Sebaliknya, ia berempati dengan orang-orang itu dan mengakui kegagalan mereka di hadapan Tuhan:

*"Kami telah berdosa dan berbuat jahat."*
(Daniel 9:5)

Doa syafaat Daniel memohon belas kasihan Allah dan kesetiaan-Nya pada perjanjian.

Melalui doanya, surga menjawab. Tuhan mengutus malaikat Gabriel dengan wahyu mengenai masa depan Israel dan kedatangan Mesias.

Contoh Daniel menunjukkan bahwa doa syafaat dapat memengaruhi tidak hanya keadaan saat ini tetapi juga generasi mendatang.

## Yesus: Sang Perantara Utama

Meskipun Abraham, Musa, dan Daniel menunjukkan kekuatan doa syafaat, perantara terbesar dalam sejarah adalah Yesus Kristus.

Yesus tidak hanya berdoa untuk umat manusia selama pelayanan-Nya di bumi—Ia terus menjadi perantara hingga hari ini.

Kitab Suci menyatakan:

*"Ia selalu hidup untuk menjadi perantara bagi mereka."*
(Ibrani 7:25)

Melalui pengorbanan-Nya di kayu salib, Yesus mendamaikan umat manusia dengan Allah. Melalui perantaraan-Nya yang terus-menerus, Ia senantiasa mewakili orang-orang percaya di hadapan Bapa.

Setiap doa yang dipanjatkan selama masa jaga empat puluh hari ini pada akhirnya mengalir melalui pelayanan Kristus.

Keyakinan kita dalam berdoa tidak didasarkan pada kebenaran kita sendiri, melainkan pada karya penebusan Yesus yang telah selesai.

## Roh Kudus: Berdoa Syafaat di Dalam Diri Orang Percaya

Sementara Yesus menjadi perantara bagi kita di surga, Roh Kudus bekerja di dalam orang percaya untuk memperkuat dan membimbing doa-doa kita.

Kitab Suci mengajarkan bahwa orang percaya tidak dibiarkan berdoa dengan kekuatan mereka sendiri. Roh Allah membantu kita dalam berdoa, terutama pada saat-saat ketika kata-kata tidak cukup.

Rasul Paulus menulis:

*" Demikian juga Roh membantu kelemahan kita; sebab kita tidak tahu apa yang harus kita doakan, tetapi Roh sendiri yang memohonkan bagi kita dengan rintihan yang tak terucapkan."*
(Roma 8:26)

Ini berarti bahwa doa syafaat bukanlah sekadar usaha manusia. Ini adalah kemitraan antara orang percaya dan Roh Allah.

Ketika orang percaya berdoa, Roh Kudus menyelaraskan doa mereka dengan kehendak Allah.

## Orang Beriman sebagai Bait Allah

Kitab Suci juga mengungkapkan bahwa orang-orang percaya sendirilah tempat kediaman Allah.

Paulus menulis:

*"Tidakkah kamu tahu bahwa kamu adalah bait Allah dan bahwa Roh Allah tinggal di dalam kamu?"*
(1 Korintus 3:16)

Karena Roh Allah berdiam di dalam orang percaya, kehidupan orang percaya menjadi tempat kudus yang hidup di mana persekutuan dengan Allah terjadi.

Yesus menyatakan bahwa rumah Allah dimaksudkan sebagai **rumah doa** (Matius 21:13).

Realitas ini melampaui bangunan dan perkumpulan. Umat Tuhan sendiri menjadi rumah doa yang hidup.

Sebagai bait Roh Kudus, orang percaya membawa di dalam diri mereka undangan terus-menerus untuk bersekutu dengan Tuhan.

## Rumah Doa yang Hidup

Ketika Roh Kudus berdiam di dalam orang percaya, doa tidak lagi terbatas pada momen atau lokasi tertentu.

Roh Kudus membentuk dalam diri orang percaya kesadaran terus-menerus akan kehadiran Tuhan.

Melalui Roh Kudus:

• Hati kita tergerak untuk berdoa
• Beban kita dibentuk oleh tujuan Tuhan • Permohonan kita selaras dengan kehendak Tuhan

Dengan cara ini, orang percaya menjadi mezbah syafaat yang hidup.

Roh Kudus mendorong doa bagi keluarga, gereja, pemimpin, dan bangsa-bangsa.

Apa yang bermula sebagai dorongan kecil di dalam hati seringkali menjadi tindakan permohonan yang ampuh di hadapan takhta Tuhan.

## Kemitraan dalam Doa Syafaat

Oleh karena itu, pelayanan doa syafaat melibatkan kemitraan yang indah:

- **Yesus menjadi perantara bagi kita di hadapan Bapa.**
- **Roh Kudus menjadi perantara di dalam diri kita.**
- **Orang percaya menanggapi dengan ketaatan melalui doa.**

Melalui kemitraan ini, tujuan-tujuan Allah dimajukan di bumi.

Ketika umat beriman memasuki masa jaga doa selama empat puluh hari ini, mereka tidak berdoa sendirian.

Roh Allah bekerja di dalam mereka, membantu mereka memikul beban doa syafaat.

Dan Kristus Sendiri berdiri di hadapan Bapa sebagai Imam Besar abadi, mempersembahkan doa-doa orang kudus.

## Seruan untuk Menjadi Rumah Doa

Saat Anda berpartisipasi dalam musim puasa dan permohonan ini, ingatlah bahwa doa bukanlah sekadar sesuatu yang Anda lakukan.

Itu adalah bagian dari jati diri Anda sebagai bait Allah yang hidup.

Roh Kudus yang ada di dalam dirimu siap membimbing doamu, memperkuat imanmu, dan menyelaraskan hatimu dengan kehendak Allah.

Semoga masa jaga empat puluh hari ini membangkitkan dalam diri Anda kehidupan persekutuan yang lebih dalam dengan Tuhan.

Semoga hidupmu menjadi seperti yang Yesus nyatakan bahwa rumah Allah seharusnya selalu seperti itu:

**Sebuah rumah ibadah.**

# Tujuh Gunung Pengaruh

## Bagaimana Mereka Membentuk Dunia Kita

Sepanjang sejarah, masyarakat telah dibentuk oleh berbagai bidang pengaruh utama yang menentukan bagaimana orang berpikir, hidup, dan mengatur diri mereka sendiri.

Bidang-bidang ini memengaruhi nilai-nilai, budaya, hukum, pendidikan, ekonomi, dan arah spiritual. Ketika bidang-bidang ini selaras dengan kebenaran, bangsa-bangsa akan berkembang. Ketika bidang-bidang ini didominasi oleh korupsi, penipuan, dan ketidakadilan, masyarakat akan mengalami kebingungan dan kemunduran.

Banyak pemimpin Kristen menyebut daerah-daerah ini sebagai **Tujuh Gunung Pengaruh** karena tingkat otoritas dan dampak yang mereka miliki dalam membentuk peradaban.

Tugas para pendoa syafaat bukan hanya berdoa untuk individu, tetapi juga berdoa untuk transformasi struktur-struktur berpengaruh ini sehingga tujuan Allah dapat tercermin dalam kehidupan bangsa-bangsa.

Ketika orang percaya berdoa secara strategis untuk gunung-gunung ini, mereka meminta Tuhan untuk membawa **hikmat, kebenaran, keadilan, dan kejujuran -Nya** ke tempat-tempat yang membentuk masyarakat. Ketujuh gunung **tersebut meliputi:**

1. **Agama (Gereja)**
2. **Keluarga**
3. **Pendidikan**

4. **Pemerintah**
5. **Media**
6. **Seni dan Budaya**
7. **Bisnis dan Ekonomi**

Setiap gunung memiliki pengaruh yang sangat besar terhadap cara masyarakat berfungsi.

**1. Gunung Agama (Gereja)**

Gereja dipanggil untuk menjadi **suara hati nurani rohani masyarakat** .

Ketika Gereja kuat, tekun berdoa, dan berlandaskan kebenaran, ia menjadi sumber kejelasan moral, bimbingan spiritual, dan harapan bagi dunia.

Namun, ketika Gereja menjadi lemah, terpecah belah, atau teralihkan perhatiannya, masyarakat sering kehilangan kompas spiritualnya.

Yesus menyatakan dalam Matius 21:13:

*"Rumahku akan disebut rumah doa."*

Para pendoa syafaat berdoa untuk Gereja agar tetap murni, bersatu, berani, dan setia kepada Injil Yesus Kristus.

**2. Gunung Keluarga**

Keluarga adalah **fondasi setiap masyarakat** .

Di dalam keluargalah nilai-nilai, identitas, karakter, dan iman pertama kali dibentuk. Keluarga yang sehat menghasilkan komunitas yang stabil dan bangsa yang kuat.

Ketika keluarga hancur, beberapa generasi sering kali bergumul dengan ketidakstabilan, kebingungan, dan kehilangan arah.

Kitab Suci mengajarkan bahwa Allah menginginkan pemulihan dalam keluarga:

*"Ia akan membalikkan hati bapak-bapak kepada anak-anak mereka, dan hati anak-anak kepada bapak-bapak mereka."*
(Maleakhi 4:6)

Para pendoa syafaat berdoa untuk keluarga karena kesehatan generasi mendatang bergantung pada mereka.

**3. Gunung Pendidikan**

Pendidikan membentuk cara berpikir seseorang dan bagaimana para pemimpin masa depan dibentuk.

Sekolah, universitas, dan lembaga pendidikan memengaruhi pandangan dunia seluruh generasi. Gagasan yang diajarkan di ruang kelas seringkali menjadi kebijakan, teknologi, dan sistem yang membentuk masa depan.

Oleh karena itu, orang-orang beriman berdoa agar kebenaran, kebijaksanaan, dan integritas membimbing mereka yang mengajar dan mereka yang belajar.

Daniel dan para sahabatnya menunjukkan bagaimana hikmat ilahi dapat memengaruhi lingkungan pembelajaran:

*"Allah memberi mereka pengetahuan dan keterampilan dalam segala hal ilmu dan hikmat."*
(Daniel 1:17)

Doa syafaat atas gunung pendidikan memohon hikmat Tuhan bagi siswa, guru, dan lembaga pendidikan.

### 4. Gunung Pemerintah

Pemerintah mengemban tanggung jawab untuk menetapkan hukum, melindungi keadilan, dan menjaga ketertiban dalam masyarakat.

Para pemimpin pemerintahan membuat keputusan yang memengaruhi jutaan orang. Kebijakan mereka memengaruhi ekonomi, keamanan nasional, stabilitas sosial, dan hubungan internasional.

Kitab Suci mendorong orang percaya untuk berdoa bagi mereka yang memerintah:

*"Oleh karena itu, aku menasihati agar permohonan, doa, syafaat, dan ucapan syukur dipanjatkan untuk semua orang; untuk raja-raja dan untuk semua yang berkuasa."*
(1 Timotius 2:1-2)

Para pendoa syafaat berdoa untuk para pemimpin pemerintahan agar kebenaran, keadilan, dan kebijaksanaan membimbing keputusan-keputusan nasional.

### 5. Gunung Media dan Hiburan

Media dan hiburan membentuk cara orang menerima informasi dan menafsirkan peristiwa yang terjadi di sekitar mereka.

Melalui televisi, radio, platform digital, jurnalisme, dan media sosial, narasi-narasi dibentuk yang memengaruhi persepsi publik dan nilai-nilai budaya.

Karena jangkauannya yang luas, media memiliki kekuatan untuk menyebarkan kebenaran atau memperkuat kebohongan.

Umat beriman berdoa agar kebenaran, integritas, dan kebijaksanaan membimbing mereka yang berkomunikasi dengan publik.

### 6. Gunung Seni dan Budaya

Seni dan budaya memengaruhi imajinasi, kreativitas, dan ekspresi emosional masyarakat.

Musik, film, sastra, seni visual, dan hiburan membentuk cara orang memandang keindahan, moralitas, identitas, dan makna.

Sepanjang Kitab Suci, kreativitas sering digunakan untuk memuliakan Tuhan, mulai dari pembangunan bait suci hingga lagu-lagu pujian yang tertulis dalam Mazmur.

Para pendoa syafaat berdoa agar kreativitas dan pengaruh budaya digunakan untuk mencerminkan kebenaran, keindahan, dan harapan.

### 7. Gunung Bisnis dan Ekonomi

Sistem bisnis dan ekonomi menentukan bagaimana sumber daya diproduksi, didistribusikan, dan dikelola.

Ketika sistem ekonomi berfungsi dengan integritas, masyarakat akan makmur dan peluang akan meningkat. Ketika korupsi mendominasi sistem ekonomi, ketidaksetaraan dan eksploitasi seringkali terjadi.

Kitab Suci mengingatkan orang percaya bahwa Tuhan adalah sumber hikmat untuk kemakmuran dan pengelolaan harta benda.

Para pendoa syafaat berdoa agar para pemimpin bisnis beroperasi dengan integritas, keadilan, dan rasa tanggung jawab terhadap masyarakat.

## Mengapa Doa Syafaat untuk Tujuh Gunung Itu Penting

Tujuan berdoa untuk gunung-gunung ini bukanlah untuk dominasi atau kendali. Tujuannya adalah transformasi.

Ketika kebenaran memengaruhi struktur yang membentuk masyarakat, orang-orang akan mengalami keadilan, kesempatan, perdamaian, dan kejelasan moral yang lebih besar.

Yesus mengajarkan para pengikut-Nya untuk berdoa:

*" Datanglah Kerajaan-Mu , jadilah kehendak-Mu di bumi seperti di surga."*
(Matius 6:10)

Melalui doa, orang percaya bermitra dengan tujuan Tuhan bagi dunia.

Doa syafaat menjadi cara untuk mengundang hikmat dan kerajaan Allah ke dalam setiap lingkup pengaruh manusia.

Saat Anda berdoa selama empat puluh hari ke depan, Anda akan berdiri di tengah-tengah bukan hanya untuk individu tetapi juga untuk **struktur yang membentuk bangsa dan generasi** .

# Cara Menggunakan Panduan Doa Ini

Panduan doa ini dirancang sebagai **kerangka kerja syafaat yang terstruktur** untuk membantu umat percaya berdoa secara strategis bagi Gereja, para pemimpin, dan bangsa-bangsa.

Hal ini dapat digunakan **secara pribadi, dalam kelompok doa, atau oleh seluruh komunitas gereja** yang merasakan panggilan untuk berdiri di tengah-tengah bagi bangsa-bangsa.

Panduan ini disusun dalam tiga bagian utama:

1. **Deklarasi Pembukaan dan Penutupan Portal (10 Bagian)**
2. **40 Hari Poin Doa Strategis yang terdiri dari 320 Poin Doa**
3. **Delapan Jadwal Doa Harian – 320 Poin Doa**

Setiap bagian memiliki tujuan khusus dalam mempersiapkan pendoa syafaat untuk berdoa dengan otoritas, keselarasan, dan perlindungan rohani.

**1. Pernyataan Pembukaan dan Penutupan Pintu Masuk**

Sebelum memulai pokok-pokok doa harian, buku ini menyediakan **sepuluh doa pengaktifan kenabian** yang berjudul:

**Kekuatan Atom dari Kata-kata Doa (Bagian 1–10).**

Pernyataan-pernyataan ini memiliki beberapa tujuan:

• Membangun otoritas spiritual di dalam Kristus
• Membuka gerbang doa di alam spiritual • Mematahkan perlawanan dan gangguan iblis • Melepaskan pernyataan kenabian atas pendoa syafaat dan wilayah tersebut
• Menyegel suasana doa sebelum doa syafaat dimulai

Pernyataan-pernyataan ini dapat dipanjatkan dalam salah satu dari dua cara:

**Opsi 1 — Aktivasi Doa Tengah Malam**

Ucapkan **kesepuluh bagian doa secara bersama-sama mulai tengah malam** , sebagai pembuka waktu berjaga doa untuk hari itu.

Hal ini membangun otoritas spiritual dan mempersiapkan suasana untuk doa syafaat pada hari itu.

**Opsi 2 — Jaga Doa Dua Jam**

Berdoalah **satu bagian setiap dua jam** , mencakup waktu-waktu rohani dalam sehari.

Contoh jadwal:

12:00 AM – Pembukaan Portal / Bagian 1
2:00 AM – Bagian 2 4:00 AM – Bagian 3 6:00 AM – Bagian 4 8:00 AM – Bagian 5 10:00 AM – Bagian 6 12:00 PM – Bagian 7 2:00 PM – Bagian 8 4:00 PM – Bagian 9 6:00 PM – Bagian 10 (Deklarasi Penyegelan)

Struktur ini membantu menjaga **cakupan doa yang berkelanjutan** .

**2. Pengamatan Doa 40 Hari**

Inti dari panduan ini adalah **periode doa syafaat terfokus selama 40 hari** yang dilakukan setiap tahun mulai dari:

**17 Maret hingga 25 April**

Selama empat puluh hari ini, umat percaya didorong untuk berpuasa dan berdoa sesuai tuntunan Tuhan.

Setiap hari meliputi:

• **Delapan poin doa strategis**
• **Dua ayat Alkitab sebagai dasar**
• **Doa syafaat yang terarah untuk Tujuh Bidang Pengaruh**

Selama empat puluh hari tersebut, pendoa syafaat akan memanjatkan **320 poin doa strategis** .

Doa-doa ini membahas kondisi spiritual yang memengaruhi:

* Gereja atau sistem dan organisasi keagamaan
* Media dan Hiburan
* Bisnis dan Ekonomi
• Keluarga • Bangsa • Pemimpin • Sistem Budaya

**3. Delapan Waktu Doa Harian**

Doa-doa tersebut disusun berdasarkan **delapan waktu dalam sehari** , yang melambangkan kewaspadaan spiritual yang berkelanjutan.

Perayaan ini secara tradisional dilakukan pada waktu-waktu berikut:

06.00 09.0012.0015.0018.00
21.0012.003.00

Setiap pokok doa dapat dipanjatkan selama salah satu waktu jaga ini.

Ritme ini memungkinkan umat beriman untuk mempertahankan **cakupan doa yang konsisten sepanjang hari** .

## 4. Berdoa Secara Individu atau Berkelompok

Panduan ini dapat digunakan dengan beberapa cara:

### Doa Pribadi

Seorang umat beriman dapat berdoa melalui panduan ini selama ibadah pribadi dan puasa.

### Kelompok Doa

Kelompok-kelompok kecil dapat membagi waktu jaga doa di antara para peserta, untuk memastikan cakupan doa yang berkelanjutan.

### Doa Syafaat Gereja

Gereja-gereja dapat menggunakan panduan ini selama masa puasa bersama atau pertemuan doa.

## 5. Berdoa dengan Pengharapan

Saat Anda berdoa melalui halaman-halaman ini, ingatlah bahwa doa syafaat bukanlah sekadar mengucapkan kata-kata.

Itu berarti **berdiri di hadapan Tuhan atas nama orang lain** .

Berdoa bersama:

• Iman kepada janji-janji Allah
• Kepekaan terhadap tuntunan Roh Kudus • Harapan bahwa Allah akan campur tangan dalam urusan bangsa-bangsa.

Undangan yang mengawali tugas ini masih berlaku hingga hari ini:

**Berdirilah di celah itu.**

Dan melalui doa yang penuh iman, semoga kehendak Allah terlaksana **di bumi seperti di surga.**

# Seruan kepada Para Penjaga Bangsa-Bangsa

Sepanjang sejarah umat Allah, Tuhan telah membangkitkan pria dan wanita yang berdiri di hadapan-Nya untuk membela orang lain. Individu-individu ini tidak selalu raja, nabi, atau pemimpin publik. Banyak di antara mereka adalah orang percaya biasa yang memikul beban luar biasa untuk berdoa.

Mereka menjadi **penjaga** .

Seorang penjaga berjaga-jaga sementara yang lain tidur. Seorang penjaga melihat bahaya sebelum datang. Seorang penjaga berseru kepada Tuhan memohon belas kasihan, perlindungan, dan campur tangan ilahi.

Tuhan berfirman melalui nabi Yehezkiel:

"Dan Aku mencari seorang di antara mereka, yang akan membangun pagar dan berdiri di celah di hadapan-Ku untuk negeri itu."
— Yehezkiel 22:30

Tuhan masih mencari orang-orang seperti itu hingga hari ini.

Ia mencari orang-orang yang akan berdoa bukan hanya untuk kebutuhan mereka sendiri, tetapi juga untuk takdir Gereja, masa depan bangsa-bangsa, dan kondisi spiritual masyarakat.

Panduan doa ini adalah ajakan untuk menjadi salah satu penjaga tersebut.

Anda mungkin berdoa sendirian di ruangan yang tenang, dalam kelompok doa bersama teman-teman, atau di dalam komunitas gereja. Terlepas dari di mana Anda berada, ketika

Anda berdoa dengan iman dan ketaatan, Anda turut serta dalam karya penebusan Allah di bumi.

Melalui doa:

Hati dilembutkan.
Benteng-benteng dihancurkan. Para pemimpin dipengaruhi oleh hikmat ilahi. Dan tujuan-tujuan Allah terlaksana di antara bangsa-bangsa.

Tugas ini merupakan bagian dari gerakan yang berkembang di kalangan umat beriman di seluruh dunia yang telah berkomitmen untuk berdiri di celah selama **40 hari masa jaga doa dari tanggal 17 Maret hingga 25 April setiap tahunnya** .

Para pendoa syafaat dari berbagai negara bersatu dengan beban yang sama—untuk berdoa bagi Gereja, bagi para pemimpin, dan bagi transformasi Tujuh Gunung Pengaruh.

Bersama-sama, komunitas pejuang doa yang terus berkembang ini berupaya memobilisasi **jutaan pendoa syafaat di seluruh dunia** yang akan mengangkat suara mereka di hadapan Tuhan untuk takdir bangsa-bangsa.

Anda diundang untuk menjadi bagian dari perusahaan tersebut.

Saat Anda mulai berdoa mengikuti panduan ini, ingatlah bahwa doa bukanlah sekadar ritual atau latihan keagamaan. Doa adalah kemitraan suci dengan Tuhan.

Roh Kudus berdoa melalui kita.
Yesus menjadi perantara bagi kita. Dan Bapa mendengar seruan umat-Nya.

Dekati doa-doa ini dengan kerendahan hati, iman, dan pengharapan.

Semoga Tuhan menguatkan semangatmu, mempertajam daya penghakimanmu, dan memberimu kekuatan untuk berdiri teguh di tengah-tengah kesulitan.

Seruan itu tetap sama seperti sebelumnya:

**Berjaga-jaga dan berdoa.**

Dan melalui permohonan yang setia, semoga kehendak Allah terlaksana **di bumi seperti di surga.**

# Memasuki Masa Pengawasan Empat Puluh Hari

## Mempersiapkan Hati untuk Doa Syafaat

Masa jaga doa selama empat puluh hari lebih dari sekadar latihan rohani. Ini adalah ajakan untuk mendekat kepada Tuhan dan berpartisipasi dalam rencana-Nya bagi Gereja dan bangsa-bangsa.

Sepanjang Kitab Suci, masa puasa dan doa sering mendahului momen-momen terobosan spiritual, pemulihan, dan arahan ilahi. Masa-masa ini adalah saat-saat ketika umat Tuhan merendahkan diri, mencari wajah-Nya, dan menyelaraskan hati mereka dengan kehendak-Nya.

Saat Anda bersiap memasuki masa jaga empat puluh hari ini, penting untuk menghadapi waktu ini dengan sikap hati yang benar.

**Saatnya Kerendahan Hati**

Doa syafaat yang sejati dimulai dengan kerendahan hati.

Sebelum berdoa untuk bangsa-bangsa, para pemimpin, dan komunitas, orang percaya harus terlebih dahulu menempatkan diri mereka di hadapan Tuhan dengan ketulusan dan keterbukaan.

Tuhan berfirman:

*"Jika umat-Ku yang disebut dengan nama-Ku merendahkan diri, berdoa, mencari wajah-Ku, dan berbalik dari jalan-jalan mereka yang*

*jahat, maka Aku akan mendengar dari surga, mengampuni dosa mereka, dan menyembuhkan negeri mereka."*
(2 Tawarikh 7:14)

Kerendahan hati memungkinkan Roh Kudus untuk memeriksa hati kita dan menyingkirkan segala sesuatu yang dapat menghalangi persekutuan kita dengan Tuhan.

Pada musim ini, mintalah kepada Tuhan untuk membersihkan hatimu dan memperbarui pengabdianmu kepada-Nya.

**Waktu Pertobatan**

Doa syafaat sering kali dimulai dengan pertobatan.

Daniel menunjukkan hal ini ketika ia berdoa untuk pemulihan Israel. Alih-alih menjauhkan diri dari kegagalan bangsanya, ia mengakui dosa-dosa mereka di hadapan Tuhan.

*"Kami telah berdosa dan berbuat jahat."*
(Daniel 9:5)

Pertobatan mempersiapkan hati untuk mendekati Tuhan dengan ketulusan dan rasa hormat.

Saat Anda memulai masa jaga empat puluh hari ini, luangkan waktu untuk memohon pengampunan, pembaruan, dan kejelasan rohani kepada Tuhan.

**Waktu Penyelarasan**

Doa bukan hanya tentang menyampaikan permohonan kepada Tuhan. Doa juga tentang menyelaraskan hati kita dengan tujuan-Nya.

Yesus mengajarkan murid-murid-Nya cara berdoa:

*" Datanglah Kerajaan-Mu , jadilah kehendak-Mu di bumi seperti di surga."*
(Matius 6:10)

Selama masa doa ini, mintalah kepada Tuhan untuk menyelaraskan pikiran, keinginan, dan prioritas Anda dengan kehendak-Nya.

Izinkan Roh Kudus membentuk doa-doa Anda sesuai dengan tujuan Allah bagi Gereja dan bangsa-bangsa.

**Masa Persatuan**

Doa syafaat menjadi sangat ampuh ketika orang-orang percaya berdoa bersama dalam kesatuan.

Gereja mula-mula mengalami terobosan luar biasa karena mereka berdoa dengan satu hati dan satu tujuan.

Kisah Para Rasul 12:5 mencatat:

*"Peter ditahan di penjara, tetapi jemaat terus-menerus berdoa kepada Tuhan untuknya."*

Melalui doa bersama, Tuhan melepaskan campur tangan supernatural.

Saat individu, kelompok doa, dan gereja berpartisipasi dalam masa jaga empat puluh hari ini, semoga Roh Allah menciptakan rasa persatuan yang lebih dalam di antara orang-orang percaya.

**Waktu Penuh Harapan**

Doa syafaat bukanlah tindakan keputusasaan, melainkan ungkapan iman.

Ketika orang percaya berdoa, mereka menanggapi undangan dari Tuhan yang mendengar dan menjawab doa.

Yeremia 33:3 menyatakan:

*"Serulah kepada-Ku, maka Aku akan menjawabmu dan menunjukkan kepadamu hal-hal besar dan dahsyat yang tidak kamu ketahui."*

Masuki masa pengamatan empat puluh hari ini dengan penuh harapan.

Harapkan Tuhan untuk bertindak di dalam hati.

Bersiaplah untuk perjumpaan ilahi.

Harapkan pemulihan, arahan, dan transformasi.

**Sebuah Tugas Suci**

Selama dua puluh tahun, musim doa ini—dari tanggal 17 Maret hingga 25 April—telah diperingati sebagai waktu khusus untuk permohonan syafaat bagi Gereja dan bagi bangsa-bangsa.

Apa yang bermula sebagai seruan pribadi untuk berdoa kini telah menjadi undangan bagi umat beriman di mana pun untuk berpartisipasi dalam tugas suci ini.

Saat Anda memulai perjalanan ini, ingatlah bahwa doa Anda sangat berarti.

Tuhan terus mencari orang-orang yang akan berdiri di celah itu.

Semoga masa berjaga selama empat puluh hari ini memperdalam hubungan Anda dengan Tuhan, memperkuat beban Anda untuk berdoa syafaat, dan mewujudkan tujuan-Nya di bumi.

Sekarang, mari kita mulai menontonnya.

# Ayat-ayat Suci Dasar untuk Pengawasan Empat Puluh Hari

Setiap musim doa syafaat harus berakar pada Firman Tuhan. Doa memperoleh otoritas ketika selaras dengan janji, tujuan, dan karakter Tuhan yang dinyatakan dalam Kitab Suci.

Ayat-ayat berikut ini membentuk dasar Alkitabiah untuk masa berjaga-jaga dan berdoa selama empat puluh hari ini. Ayat-ayat ini mengingatkan kita mengapa kita berdoa, bagaimana kita berdoa, dan apa yang kita yakini ingin Allah capai di bumi.

Saat Anda menjalani hari-hari puasa dan doa syafaat, sering-seringlah kembali pada bagian-bagian ini dan biarkan bagian-

bagian ini memperkuat iman Anda dan membimbing doa-doa Anda.

**Seruan untuk Berdiri di Celah**
**Yehezkiel 22:30**
*"Aku mencari seorang di antara mereka yang akan membangun tembok dan berdiri di celah di hadapan-Ku untuk negeri itu, agar Aku tidak menghancurkannya."*
Tuhan terus mencari orang-orang yang akan berdiri di hadapan-Nya untuk membela negeri ini.

**Tanggung Jawab Penjaga**
**Yehezkiel 3:18-19**
*"Apabila Aku berkata kepada orang fasik, 'Engkau pasti akan mati,' dan engkau tidak memperingatkannya... darahnya akan Kupertanggungjawabkan dari tanganmu. Namun jika engkau memperingatkan orang fasik... engkau telah menyelamatkan jiwamu."*
Doa syafaat membawa tanggung jawab kewaspadaan spiritual.

**Rumah Tuhan sebagai Rumah Doa**
**Matius 21:13**
*"Rumahku akan disebut rumah doa."*
**Yesaya 56:7**
*"Rumah-Ku akan disebut rumah doa bagi semua bangsa."*
Keinginan Tuhan adalah agar umat-Nya menjadi komunitas yang berdoa dan menyambut bangsa-bangsa ke hadirat-Nya.

**Seruan untuk Berdoa dengan Tekun**
**Lukas 18:1**
*"Laki-laki hendaknya selalu berdoa dan tidak putus asa."*
**Matius 26:41**
*"Berjaga-jagalah dan berdoalah, supaya kamu jangan jatuh ke dalam godaan."*
Doa membutuhkan ketekunan, kewaspadaan, dan kesiagaan spiritual.

**Pertolongan Roh Kudus dalam Doa Syafaat**

**Roma 8:26**
*"Roh Kudus juga menolong kelemahan kita... Roh Kudus sendiri yang memohonkan bagi kita dengan rintihan yang tak terucapkan."*
**Roma 8:34**
*"Kristus... bahkan berada di sebelah kanan Allah, yang juga menjadi perantara bagi kita."*
Doa syafaat diberdayakan baik oleh Roh Kudus yang ada di dalam kita maupun oleh Kristus yang menjadi perantara bagi kita di hadapan Bapa.

**Keberanian dalam Doa dan Pelayanan**
**Kisah Para Rasul 4:29-30**
*"Berilah kepada hamba-hamba-Mu kekuatan untuk menyampaikan firman-Mu dengan penuh keberanian... agar tanda-tanda dan mukjizat dapat dilakukan melalui nama Hamba-Mu yang kudus, Yesus."*
Gereja mula-mula berdoa dengan keberanian dan pengharapan.

**Kekuatan Doa Bersama**
**Kisah Para Rasul 12:5**
*"Peter ditahan di penjara, tetapi jemaat terus-menerus berdoa kepada Tuhan untuknya."*
Doa syafaat bersama di perusahaan memunculkan campur tangan ilahi.

**Menantikan Tuhan dalam Doa**
**Lukas 6:12**
*"Ia pergi ke gunung untuk berdoa, dan terus berdoa kepada Tuhan sepanjang malam."*
**Mazmur 37:7**
*"Beristirahatlah di dalam Tuhan, dan nantikanlah Dia dengan sabar."*
Doa syafaat yang sejati seringkali membutuhkan penantian kepada Tuhan.

**Pertobatan dan Pemulihan Nasional**
**Daniel 9:3-4**
*"Aku menghadapkan wajahku kepada Tuhan Allah untuk memohon dengan doa dan permohonan, disertai puasa."*
**2 Tawarikh 7:14**
*"Jika umat-Ku yang disebut dengan nama-Ku merendahkan diri dan berdoa... maka Aku akan mendengar dari surga dan menyembuhkan negeri mereka."*
Pemulihan nasional sering kali dimulai dengan pertobatan dan doa.

**Perang Rohani**
**Efesus 6:18**
*"Berdoa selalu dengan segala doa dan permohonan dalam Roh."*
Doa adalah salah satu senjata utama dalam peperangan rohani.

**Berdoa untuk Para Pemimpin dan Bangsa-Bangsa**
**Roma 15:30-31**
*"Mari kita bersama-sama berdoa kepada Tuhan untukku."*
**2 Tesalonika 3:1**
*"Doakanlah kami, agar firman Tuhan dapat tersebar dengan cepat dan dimuliakan."*
Kitab Suci berulang kali menyerukan kepada orang percaya untuk berdoa bagi para pemimpin dan kemajuan Injil.

**Doa untuk Kedatangan Kerajaan Allah**
**Matius 6:10**
*" Datanglah Kerajaan-Mu . Terjadilah kehendak-Mu di bumi seperti di surga."*
Doa ini tetap menjadi seruan utama permohonan bagi setiap generasi.

**Janji Pemulihan dari Tuhan**
**Yeremia 31:11-12**
*"Tuhan telah menebus Yakub dan membebaskannya."*

Tujuan Allah pada akhirnya mengarah pada penebusan dan pemulihan.

**Kekuasaan Tuhan Atas Bangsa-Bangsa**
**Yesaya 9:6-7**
*"Pemerintahan-Nya dan kedamaian-Nya akan terus bertambah dan tak ada akhirnya."*
Kristus memerintah atas bangsa-bangsa, dan Kerajaan-Nya terus meluas.

**Kemenangan Orang Benar**
**Mazmur 92:8**
*"Tetapi Engkau, Tuhan, berada di tempat yang tinggi selama-lamanya."*
Kemenangan sejati adalah milik Tuhan.

**Seruan untuk Berdoa Syafaat**
Dari Abraham yang memohon untuk kota-kota, hingga Musa yang membela Israel, hingga Daniel yang berdoa untuk pemulihan, hingga Yesus dan Roh Kudus yang menjadi perantara bagi orang-orang percaya, Kitab Suci secara konsisten mengungkapkan kuasa doa.
Empat puluh hari doa ini melanjutkan tradisi alkitabiah tersebut.
Semoga ayat-ayat suci ini menguatkan imanmu saat kamu memasuki masa pelayanan doa syafaat bagi Gereja, para pemimpin, dan bangsa-bangsa.

# Doa Perang Strategis 40 Hari

# Hari ke-1 - Mendirikan Mezbah Doa Syafaat

**Ayat Suci:** Yehezkiel 22:30; Lukas 18:1

**Yehezkiel 22:30**
**Versi King James Baru (NKJV)**
"Dan Aku mencari seorang di antara mereka yang mau membangun tembok dan berdiri di celah di hadapan-Ku untuk membela negeri itu, supaya Aku tidak membinasakannya; tetapi Aku tidak menemukan seorang pun."

**Pesan (MSG)**
"Saya mencari seseorang untuk membela saya melawan semua ini, untuk memperbaiki pertahanan kota, untuk membela saya dan berdiri di garis depan untuk melindungi tanah ini agar saya tidak perlu menghancurkannya.
Saya tidak dapat menemukan siapa pun."

**Lukas 18:1**
**Versi King James Baru (NKJV)**
"Lalu Ia menyampaikan sebuah perumpamaan kepada mereka, bahwa manusia harus selalu berdoa dan tidak putus asa."

**Pesan (MSG)**
"Yesus menceritakan sebuah kisah yang menunjukkan bahwa mereka perlu berdoa secara konsisten dan tidak pernah berhenti."

**6 pagi,** Bapa, besarkanlah aku sebagai orang yang akan berdiri di celah, memperbaiki keretakan, dan menolak sikap pasif rohani di musim puasa ini.

**Pukul 9 pagi** aku menguduskan rohku, jiwaku, dan tubuhku untuk pelayanan syafaat yang penuh kewaspadaan; biarlah setiap altar yang menyesatkan diruntuhkan.

**12 siang** Biarlah api doa dinyalakan kembali di dalam Gereja-Mu sampai doa tidak lagi menjadi sebuah program, melainkan menjadi tempat tinggal.

**Pukul 3 sore** aku membatalkan perjanjian dengan rasa kantuk, ketidakpedulian, dan penundaan; aku menerima kekuatan untuk terus berdoa sampai surga menjawab.

**Jam 6 sore** Tuhan, jadikan hidupku rumah dupa, pintu masuk, dan mezbah yang sah tempat tujuan-Mu ditegakkan.

**Jam 9 malam.** Semoga setiap keretakan dalam keluarga, gereja, kota, dan bangsa saya diperbaiki oleh rahmat Tuhan saat saya berdiri di hadapan Tuhan.

**Pukul 12 tengah malam,** saya nyatakan bahwa puasa ini bukan sekadar ritual tanpa kuasa; puasa ini akan menghasilkan pergerakan dalam roh dan perwujudan di bumi.

**Jam 3 pagi** Ya Tuhan, temukanlah dalam diriku seorang pendoa syafaat yang rela dan biarlah suaraku berkumandang di hadapan-Mu untuk pemulihan, kebangkitan, dan pembebasan.

# Hari ke-2 - Kewaspadaan dan Beban Jiwa

**Ayat-ayat Alkitab:** Yehezkiel 3:18-21; Matius 26:41

**Yehezkiel 3:18–21**
**Versi King James Baru (NKJV)**
"Apabila Aku berkata kepada orang fasik, 'Engkau pasti akan mati,' tetapi engkau tidak memberi peringatan kepadanya, dan tidak pula berbicara untuk memperingatkan orang fasik itu dari jalan kejahatannya, untuk menyelamatkan nyawanya, maka orang fasik itu akan mati dalam kejahatannya; tetapi darahnya akan Kutuntut dari tanganmu."
Namun, jika kamu memperingatkan orang fasik, dan dia tidak berbalik dari kejahatannya, atau dari jalannya yang jahat, dia akan mati dalam kejahatannya; tetapi kamu telah menyelamatkan jiwamu.
Sekali lagi, apabila orang benar berpaling dari kebenarannya dan berbuat jahat, dan Aku menaruh batu sandungan di hadapannya, ia akan mati; karena kamu tidak memberi peringatan kepadanya, ia akan mati dalam dosanya, dan kebenaran yang telah dilakukannya tidak akan diingat lagi; tetapi darahnya akan Kutuntut dari tanganmu.
Namun demikian, jika kamu memperingatkan orang benar agar tidak berbuat dosa, dan orang benar itu tidak berbuat dosa, maka ia pasti akan hidup karena ia menerima peringatan itu; dan kamu juga akan menyelamatkan jiwamu."

**Pesan (MSG)**
"Jika Aku memperingatkan orang fasik, 'Kamu sedang menuju kematian dengan cepat!' dan kamu tidak bersuara dan memperingatkannya untuk mengubah jalan hidupnya, orang fasik itu akan mati tanpa peringatan dalam dosanya, dan Aku akan meminta pertanggungjawabanmu."

Tetapi jika kamu memperingatkan orang fasik dan dia menolak untuk mengubah jalannya, dia akan mati dalam dosanya, tetapi kamu akan menyelamatkan hidupmu.
Dan jika orang baik berpaling dari kebaikan dan melakukan kejahatan, dan Aku menghalangi jalannya dan dia mati, kamu bertanggung jawab jika kamu tidak memperingatkannya. Dia akan mati karena dosanya dan kebaikan yang dia lakukan sebelumnya akan sia-sia—dan Aku akan meminta pertanggungjawabanmu.
Tetapi jika Anda memperingatkan orang baik untuk tidak berbuat dosa dan dia mendengarkan serta tidak berbuat dosa, dia akan hidup karena dia menanggapi peringatan Anda dengan serius—dan Anda akan menyelamatkan hidup Anda."

**Matius 26:41**
**Versi King James Baru (NKJV)**
"Berjaga-jagalah dan berdoalah, supaya kamu jangan jatuh ke dalam pencobaan. Roh memang rela, tetapi daging lemah."

**Pesan (MSG)**
"Tetap waspada; berdoalah agar kamu tidak terjerumus ke dalam godaan tanpa menyadari bahwa kamu sedang dalam bahaya. Ada bagian dalam dirimu yang bersemangat, siap untuk apa pun di dalam Tuhan, tetapi ada bagian lain yang malas seperti anjing tua yang tidur di dekat perapian."

**6 pagi,** Bapa, jadikanlah aku seorang penjaga yang setia, yang tidak akan berdiam diri ketika nasib, keluarga, dan bangsa-bangsa dipertaruhkan.

**Pukul 9 pagi** saya menolak kecerobohan di tempat berdoa; saya menerima kebijaksanaan untuk melihat bahaya sebelum bahaya itu muncul.

**12 siang** Biarlah beban untuk orang-orang yang tersesat, yang murtad, dan yang terluka secara rohani menimpa diriku dengan berat yang kudus.

**Pukul 3 sore.** Setiap roh ketidakberdoa yang ditugaskan untuk melemahkan pengawasanku, lepaskan cengkeramanmu dan tunduklah kepada kekuasaan Yesus Kristus.

**Pukul 6 sore,** aku tetapkan bahwa mataku akan terbuka, telingaku akan terlatih, dan jiwaku akan waspada terhadap peringatan ilahi.

**Jam 9 malam,** Tuhan, jadikan Gereja-Mu waspada terhadap kompromi, godaan, dan infiltrasi setan pada saat ini.

**Pukul 12 tengah malam** aku berdiri melawan setiap jebakan kegelapan yang ditujukan kepada orang-orang kudus, dan aku memohon campur tangan ilahi terhadap rencana-rencana tersembunyi.

**pukul 3 pagi** , biarlah puasa ini mempertajam jubah penjagaanku hingga aku berdoa dengan tepat, berwibawa, dan penuh ketabahan.

# Hari ke-3 - Rumah Doa Dipulihkan

**Ayat Suci:** Matius 21:13; Yesaya 56:7

**Matius 21:13**
**Versi King James Baru (NKJV)**
"Lalu Ia berkata kepada mereka,
'Tertulis: Rumah- *Ku akan disebut rumah doa,* tetapi kamu telah menjadikannya sarang pencuri.'"

**Pesan (MSG)**
Dia berkata, "Ada ayat Alkitab yang mengatakan,
*Rumah-Ku akan disebut rumah doa.*
Kalian telah mengubahnya menjadi tempat berkumpulnya para pencuri."

**Yesaya 56:7**
**Versi King James Baru (NKJV)**
"Bahkan mereka pun akan Kubawa ke gunung kudus-Ku,
dan akan Kujadikan mereka bersukacita di rumah doa-Ku.
Persembahan bakaran dan kurban mereka akan diterima di mezbah-Ku; karena rumah-Ku akan disebut rumah doa bagi segala bangsa."

**Pesan (MSG)**
"Aku akan membawa mereka ke gunung suci-Ku
dan memberi mereka sukacita di rumah doa-Ku. Mereka akan diterima untuk beribadah—sama seperti orang-orang dalam, untuk mempersembahkan kurban bakaran dan korban lainnya ke mezbah-Ku.
Oh ya! Rumah ibadahku
akan dikenal sebagai **rumah doa bagi semua orang** ."

**pukul 6 pagi** , sucikan rumah-Mu dan singkirkan setiap kenajisan yang menghalangi doa yang sejati, kesucian, dan kuasa.

**Jam 9 pagi,** biarlah setiap pencuri nafsu rohani diusir dari hidupku, rumahku, dan Gereja dalam nama Yesus.

**Pukul 12 siang,** saya nyatakan bahwa mezbah doa akan didirikan di setiap jemaat, pelayanan, dan rumah tangga yang ditunjuk oleh Tuhan.

**Pukul 3 sore** Setiap roh pedagang yang merusak ibadah dan menajiskan hal-hal kudus, hendaklah dihakimi oleh api Allah.

**Pukul 6 sore,** Bapa, pulihkanlah rasa hormat, kerendahan hati, dan takut akan Tuhan di tempat kudus umat-Mu.

**Pukul 9 malam.** Biarlah ruang doa, mimbar, dan rumah menjadi gerbang kemuliaan tempat Kristus bertahta dan daging ditaklukkan.

**Pukul 12 tengah malam,** aku memanggil generasi yang lebih mencintai kehadiran-Mu daripada pertunjukan dan suara-Mu daripada tepuk tangan.

**Ya** Tuhan, jadikan Gereja-Mu rumah doa bagi semua bangsa, dan biarlah kebangunan rohani terjadi dari mezbah.

# Hari ke-4 - Rintihan yang Berkuasa

**Ayat-ayat Alkitab:** Roma 8:26,34; Lukas 6:12

**Roma 8:26**
**Versi King James Baru (NKJV)**
" Demikian juga Roh membantu kita dalam kelemahan kita. Sebab kita tidak tahu apa yang harus kita doakan, tetapi Roh sendiri yang memohonkan bagi kita dengan rintihan yang tak terucapkan."

**Pesan (MSG)**
"Sementara itu, saat kita lelah menunggu, Roh Allah ada di samping kita, menolong kita. Jika kita tidak tahu bagaimana atau apa yang harus kita doakan, itu tidak masalah. Dia berdoa untuk kita, menjadikan doa dari desahan tanpa kata-kata dan rintihan kita yang menyakitkan."

**Roma 8:34**
**Versi King James Baru (NKJV)**
"Siapakah yang menghukum? Kristuslah yang telah mati dan bangkit, yang sekarang berada di sebelah kanan Allah, yang juga menjadi perantara bagi kita."

**Pesan (MSG)**
31-39 Jadi, bagaimana menurutmu? Dengan Allah di pihak kita seperti ini, bagaimana mungkin kita kalah? Jika Allah tidak ragu untuk mempertaruhkan segalanya bagi kita, menerima keadaan kita dan mengekspos diri-Nya pada hal terburuk dengan mengutus Putra-Nya sendiri, adakah hal lain yang tidak akan Dia lakukan dengan senang hati dan cuma-cuma untuk kita? Dan siapa yang berani melawan Allah dengan mengganggu salah satu orang pilihan Allah? Siapa yang berani

menunjuk jari? Dia yang mati untuk kita—yang dibangkitkan untuk kita!—berada di hadapan Allah saat ini juga membela kita. Apakah menurutmu ada orang yang mampu memisahkan kita dari kasih Kristus kepada kita? Tidak mungkin! Bukan masalah, bukan masa-masa sulit, bukan kebencian, bukan kelaparan, bukan tunawisma, bukan ancaman intimidasi, bukan pengkhianatan, bahkan bukan dosa-dosa terburuk yang tercantum dalam Kitab Suci:

Mereka membunuh kita dengan kejam karena mereka membencimu.

Kita seperti sasaran empuk; mereka memburu kita satu per satu.

Semua ini tidak membuat kita gentar karena Yesus mengasihi kita. Saya benar-benar yakin bahwa tidak ada apa pun—baik yang hidup maupun yang mati, malaikat maupun iblis, hari ini maupun besok, tinggi maupun rendah, yang dapat dipikirkan maupun yang tidak dapat dipikirkan—sama sekali *tidak ada* yang dapat memisahkan kita dari kasih Allah karena cara Yesus, Guru kita, telah merangkul kita.

**6 pagi** Roh Kudus, tolonglah kelemahan-kelemahanku dan ajari aku berdoa melampaui keterbatasan manusia, kelelahan emosional, dan kelemahan mental.

**Jam 9 pagi.** Biarlah syafaat Kristus menguatkan permohonanku sampai doaku selaras dengan kehendak Allah.

**Pukul 12 siang** saya menerima anugerah untuk tetap berdoa sampai transaksi ilahi selesai dalam roh.

**Pukul 3 sore** Setiap tuduhan musuh terhadap kehidupan doa saya dibatalkan oleh syafaat Yesus di sisi kanan Allah.

**pukul 6 sore** , ubahlah desahan, air mata, dan rintihanku menjadi permohonan yang efektif di hadapan takhta-Mu.

**Pukul 9 malam** aku menolak doa yang dangkal; aku memasuki kedalaman penderitaan di mana kerajaan bergeser dan tawanan dibebaskan.

**Pukul 12 siang** Biarlah setiap pintu yang tertutup dan menolak jawaban mulai terbuka, karena Roh Kudus menjadi perantara melalui Aku.

**3 pagi,** Bapa, ajari aku misteri doa yang ampuh sampai aku memikul beban surgawi dengan bahasa surgawi.

# Hari ke-5 - Keberanian di Bawah Tekanan

**Ayat-ayat Alkitab:** Kisah Para Rasul 4:29-30; 2 Tesalonika 3:1-2

**Kisah Para Rasul 4:29-30**
**Versi King James Baru (NKJV)**
"Sekarang, ya Tuhan, pandanglah ancaman mereka, dan berikanlah kepada hamba-hamba-Mu keberanian untuk menyampaikan firman-Mu,
dengan mengulurkan tangan-Mu untuk menyembuhkan, dan agar tanda-tanda dan mukjizat dapat dilakukan melalui nama Hamba-Mu yang kudus, Yesus."

**Pesan (MSG)**
*Kisah Para Rasul 4:29–31 (Konteks untuk kejelasan)*
"Dan sekarang mereka melakukannya lagi! Waspadai ancaman mereka dan berikan kepada hamba-hamba-Mu keyakinan tanpa takut untuk memberitakan Firman-Mu,
sebagaimana Engkau mengulurkan tangan-Mu kepada kami dalam penyembuhan dan mukjizat dan keajaiban yang dilakukan dalam nama hamba-Mu yang kudus, Yesus."
Saat mereka berdoa, tempat pertemuan mereka bergetar dan berguncang. Mereka semua dipenuhi Roh Kudus dan terus menyampaikan Firman Tuhan dengan keyakinan tanpa rasa takut.

**2 Tesalonika 3:1-2**
**Versi King James Baru (NKJV)**
"Akhirnya, saudara-saudara, doakanlah kami, agar firman Tuhan dapat tersebar dengan cepat dan dimuliakan, seperti halnya di antara kalian,

dan agar kami dibebaskan dari orang-orang yang tidak masuk akal dan jahat; karena tidak semua orang memiliki iman."

**Pesan (MSG)**

*2 Tesalonika 3:1-3 (Konteks untuk kejelasan)*

"Satu hal lagi, teman-teman: Doakan kami. Doakan agar Firman Tuhan menyebar dengan cepat ke seluruh negeri dan mendapatkan respons yang luar biasa, seperti yang terjadi di antara kalian. Dan doakan agar kami diselamatkan dari para penjahat yang berusaha mencelakai kami. Tidak semua orang memiliki kemampuan untuk melakukan ini."

Namun Sang Guru tidak pernah mengecewakan kita. Dia akan selalu berada di sisimu dan melindungimu dari kejahatan."

**Tuhan** , lihatlah ancaman musuh dan berikanlah kepada hamba-hamba-Mu keberanian untuk berbicara, berdoa, dan bertindak tanpa rasa takut.

**Pukul 9 pagi,** saya nyatakan bahwa intimidasi tidak akan membungkam saya, dan perlawanan tidak akan melemahkan saya.

**12 siang** Ulurkanlah tangan-Mu untuk menyembuhkan, membebaskan, dan meneguhkan firman-Mu dengan tanda-tanda yang memuliakan Yesus Kristus.

**Pukul 3 sore** Biarlah firman Tuhan menyebar dengan cepat melalui gereja-gereja, kota-kota, dan bangsa-bangsa kita dan menghancurkan setiap barikade setan.

**Pukul 6 sore,** bebaskanlah umat-Mu dari orang-orang yang tidak masuk akal dan jahat yang memerangi kebenaran, keadilan, dan kejujuran.

**Pukul 9 malam,** aku menghancurkan belenggu ketakutan dan memerintahkan keberanian, kejelasan, dan otoritas kerasulan untuk bangkit dalam Tubuh Kristus.

**Pukul 12 tengah malam,** setiap rencana kegelapan yang menentang kemajuan kerajaan Allah dihancurkan oleh nafas Allah.

**Bapa** , jadikanlah penentangan sebagai landasan bagi kemuliaan-Mu dan jadikanlah penganiayaan sebagai sarana penyebaran Injil.

# Hari ke-6 - Campur Tangan Malaikat dan Pelepasan Gaib

**Ayat-ayat Alkitab:** Kisah Para Rasul 12:5-9; Lukas 10:19

**Kisah Para Rasul 12:5-9**
**Versi King James Baru (NKJV)**
Oleh karena itu, Petrus tetap dipenjara, tetapi jemaat terus-menerus berdoa kepada Allah untuknya.
Dan ketika Herodes hendak membawanya keluar, malam itu Petrus sedang tidur, terikat dengan dua rantai di antara dua prajurit; dan para penjaga di depan pintu menjaga penjara itu.
Lihatlah, seorang malaikat Tuhan berdiri di sampingnya, dan cahaya bersinar di dalam penjara; lalu malaikat itu memukul Petrus di sisinya dan membangunkannya, sambil berkata, "Bangunlah segera!" Dan rantai yang mengikat tangannya pun terlepas.
Kemudian malaikat itu berkata kepadanya, "Kenakan ikat pinggangmu dan kenakan sandalmu"; dan ia pun melakukannya. Lalu malaikat itu berkata kepadanya, "Kenakan jubahmu dan ikutilah Aku."
Maka ia pun keluar dan mengikuti malaikat itu, dan ia tidak tahu bahwa apa yang dilakukan malaikat itu adalah nyata, melainkan mengira ia sedang melihat sebuah penglihatan.

**Pesan (MSG)**
*Kisah Para Rasul 12:5-11 (Konteks untuk kejelasan)*
Selama Petrus berada di bawah pengawasan ketat di penjara, jemaat berdoa dengan sungguh-sungguh untuknya.
Kemudian tibalah saatnya Herodes membawa Petrus keluar untuk diadili di depan umum. Malam itu, meskipun Petrus diborgol ke dua tentara, satu di setiap sisi, dan ada penjaga di pintu yang mengawasi tempat itu, Petrus tidur nyenyak seperti bayi.

Tiba-tiba ada seorang malaikat di sisinya dan cahaya menerangi ruangan. Malaikat itu mengguncang Petrus dan membantunya berdiri. "Cepat!" katanya.
Borgol terlepas dari pergelangan tangannya.
Malaikat itu berkata, "Berpakaianlah. Pakailah sepatumu."
Peter yang melakukannya.
"Lepaskan mantelmu dan ikuti aku."
Peter mengikutinya, tetapi tidak percaya bahwa itu benar-benar malaikat. Dia pikir dia sedang berhalusinasi.

**Lukas 10:19**
**Versi King James Baru (NKJV)**
"Lihatlah, Aku memberikan kepadamu kuasa untuk menginjak ular dan kalajengking, dan atas segala kuasa musuh, dan tidak ada sesuatu pun yang dapat membahayakanmu."

**Pesan (MSG)**
*Lukas 10:18–20 (Konteks untuk kejelasan)*
Yesus berkata, "Aku tahu. Aku melihat Setan jatuh, seperti sambaran petir dari langit.
Lihat apa yang telah kuberikan padamu? Jalan aman saat kau berjalan di atas ular dan kalajengking, dan perlindungan dari setiap serangan musuh. Tidak ada yang akan menyakitimu.
Namun demikian, kemenangan besar bukanlah terletak pada kuasa Anda atas kejahatan, melainkan pada kuasa Allah atas Anda dan kehadiran-Nya bersama Anda. Bukan apa yang Anda lakukan untuk Allah, tetapi apa yang Allah lakukan untuk Anda—itulah yang patut disyukuri."

**pukul 6 pagi** , sebagaimana doa yang sungguh-sungguh dipanjatkan untuk Petrus, biarlah rantai-rantai terlepas dari setiap tawanan yang ditetapkan untuk tujuan Kerajaan Allah.

**Pukul 9 pagi,** saya nyatakan pembebasan supranatural atas mereka yang dipenjara oleh rasa takut, kecanduan, sihir, kesalahan, dan penindasan spiritual.

**Pukul 12 siang.** Biarlah campur tangan malaikat muncul dalam situasi di mana bantuan manusia telah gagal dan kegelapan mengira telah menang.
**Pukul 3 sore** Setiap gerbang besi yang menghalangi kemajuan ilahi, bukalah dengan sendirinya di hadapan kuasa Tuhan.

**Pukul 6 sore** Aku menginjak-injak ular, kalajengking, dan segala kuasa musuh; tidak ada sesuatu pun yang dapat mengalahkan ketetapan Allah.

**Jam 9 malam,** Bapa, bangkitkan takdir yang tertidur dan pimpin umat-Mu keluar dari penjara tak terlihat menuju kebebasan dan tugas.

**Pukul 12 tengah malam,** setiap rantai yang ditempa di tempat-tempat tersembunyi untuk melawan saya, keluarga saya, dan Gereja, putuslah sekarang dalam nama Yesus.

**Jam 3 pagi** Biarlah kesaksian tentang pembebasan ajaib semakin banyak, dan biarlah Gereja kembali mengenal pelayanan pertolongan malaikat.

# Hari ke-7 - Orang-orang yang Menunggu, Lampu yang Menyala

**Ayat-ayat Alkitab:** Lukas 2:25-38; Mazmur 37:7

**Lukas 2:25–38**
**Versi King James Baru (NKJV)**
Dan lihatlah, ada seorang laki-laki di Yerusalem yang bernama Simeon; orang ini benar dan saleh, menantikan penghiburan Israel, dan Roh Kudus ada padanya.
Dan Roh Kudus telah menyatakan kepadanya bahwa ia tidak akan melihat kematian sebelum ia melihat Kristus Tuhan.
Maka ia datang ke Bait Suci atas kuasa Roh Kudus. Dan ketika orang tua Yesus membawa Anak Yesus ke sana untuk melakukan upacara menurut hukum Taurat, ia mengambil Dia ke dalam pelukannya dan memuji Allah serta berkata:
"Ya Tuhan, sekarang Engkau membiarkan hamba-Mu pergi dengan damai,
sesuai dengan firman-Mu; karena mataku telah melihat keselamatan-Mu yang telah Engkau persiapkan di hadapan semua bangsa, terang yang memberitakan kepada bangsa-bangsa bukan Yahudi, dan kemuliaan umat-Mu Israel."
Dan Yusuf dan ibunya takjub akan hal-hal yang dikatakan tentang Dia.
Kemudian Simeon memberkati mereka, dan berkata kepada Maria, ibu-Nya, "Lihatlah, Anak ini ditakdirkan untuk kejatuhan dan kebangkitan banyak orang di Israel, dan sebagai tanda yang akan ditentang (ya, pedang akan menembus jiwamu juga), agar pikiran banyak hati dapat diungkapkan."
Sekarang ada seorang bernama Anna, seorang nabiah, putri Phanuel, dari suku Asyer. Ia sudah sangat tua, dan telah hidup bersama seorang suami selama tujuh tahun sejak masa perawannya; dan perempuan ini adalah seorang janda berusia sekitar delapan puluh empat tahun, yang tidak pernah

meninggalkan Bait Suci, tetapi melayani Allah dengan berpuasa dan berdoa siang dan malam.
Dan pada saat itu juga ia datang dan mengucap syukur kepada Tuhan, lalu menceritakan tentang Dia kepada semua orang yang menantikan penebusan di Yerusalem.

**Pesan (MSG)**
*Lukas 2:25–38 (Terjemahan kontekstual untuk alur cerita)*
Pada waktu itu di Yerusalem ada seorang pria bernama Simeon. Dia adalah orang baik, seorang yang rajin berdoa, menantikan pertolongan bagi Israel. Roh Kudus ada padanya. Roh Kudus telah menunjukkan kepadanya bahwa ia akan melihat Mesias Allah sebelum ia meninggal. Dipimpin oleh Roh Kudus, ia memasuki Bait Suci.
Ketika orang tua Yesus membawa bayi itu untuk melaksanakan ritual Hukum Taurat, Simeon menggendongnya dan memuji Tuhan:
"Ya Tuhan, Engkau sekarang dapat membebaskan hamba-Mu;
bebaskan aku dalam damai seperti yang telah Engkau janjikan.
Dengan mata kepala sendiri aku telah melihat keselamatan-Mu: kini keselamatan itu tampak jelas bagi semua orang—terang yang menyatakan Allah kepada bangsa-bangsa non-Yahudi, dan kemuliaan bagi umat-Mu Israel."
Ayah dan ibu Yesus terdiam karena terkejut mendengar kata-kata itu.
Simeon kemudian memberkati mereka, dan berkata kepada Maria, ibunya:
"Anak ini menandai kegagalan dan pemulihan banyak orang di Israel, suatu sosok yang disalahpahami dan ditentang—seperti rasa sakit akibat tusukan pedang—tetapi penolakan itu akan memaksa kejujuran, karena Allah mengungkapkan siapa mereka sebenarnya."
Anna, sang nabiah, juga ada di sana, seorang putri dari Phanuel dari suku Asyer. Ia sekarang sudah sangat tua. Ia telah menikah selama tujuh tahun dan kemudian menjanda selama delapan puluh empat tahun.

Dia tidak pernah meninggalkan area Bait Suci, beribadah siang dan malam dengan puasa dan doanya.
Tepat ketika Simeon sedang berdoa, ia muncul, menyanyikan pujian kepada Tuhan, dan berbicara tentang anak itu kepada semua orang yang menantikan pembebasan Yerusalem dengan penuh harap.

**Mazmur 37:7**
**Versi King James Baru (NKJV)**
Beristirahatlah di dalam Tuhan, dan nantikanlah Dia dengan sabar;
janganlah gelisah karena orang yang berhasil dalam jalannya,
karena orang yang melakukan rencana jahat.

**Pesan (MSG)**
*Mazmur 37:7-9 (Alur kontekstual)*
Tenangkan diri di hadapan Tuhan,
berdoalah di hadapan-Nya.
Jangan hiraukan mereka yang memanjat tangga,
yang menyikut jalan mereka untuk mencapai puncak.
Kendalikan amarahmu, buang murkamu;
tenangkan dirimu—itu hanya akan memperburuk keadaan.
Tak lama lagi para penipu itu akan bangkrut;
para investor yang mengaku sebagai tokoh agama akan segera memiliki toko tersebut.

**6 pagi,** Bapa, jadikanlah aku seperti Simeon dan Anna, teguh dalam penantian, murni dalam harapan, dan setia dalam pengabdian.

**Pukul 9 pagi** aku menolak ketidakpercayaan yang gelisah; aku menerima kasih karunia untuk menantikan Tuhan tanpa lelah, mengeluh, atau menarik diri.

**12 siang** Kiranya setiap janji atas hidupku, keluargaku, dan Gereja-Mu terpelihara sampai saat penggenapannya.

**Jam 3 sore** Tuhan, kuatkanlah para pendoa syafaat yang telah lama menunggu; biarlah mata mereka melihat penghiburan yang telah Engkau janjikan.

**Pukul 6 sore,** saya tetapkan bahwa penundaan tidak akan menimbulkan keraguan, dan proses tidak akan menggagalkan nubuat.

**Jam 9 malam.** Setiap roh yang menyerah sebelum waktunya, kehilangan tugasmu atas orang-orang kudus dan atas generasi ini.

**12 tengah malam,** Bapa, berilah pahala kepada para pencari yang siang dan malam dengan perjumpaan yang tak terbantahkan, janji yang terpenuhi, dan kejelasan kenabian.

**Jam 3 pagi.** Biarlah permohonan yang sabar berkembang menjadi kunjungan yang terbuka, dan biarlah rahim yang menunggu melahirkan tujuan ilahi.

# Hari ke-8 - Penyelarasan Getsemani

**Ayat-ayat Alkitab:** Matius 26:36-46; Matius 6:10

Matius 26:36-46
Versi King James Baru
**Doa di Taman**
36 Kemudian Yesus pergi bersama mereka ke suatu tempat
bernama Getsemani, dan berkata kepada murid-murid-Nya,
"Duduklah di sini sementara Aku pergi berdoa di sana." 37
Lalu Ia membawa Petrus dan kedua putra Zebedeus bersama-
Nya, dan Ia mulai berduka dan sangat sedih. 38 Lalu Ia berkata
kepada mereka, "Jiwa-Ku sangat sedih, bahkan sampai mati.
Tinggallah di sini dan berjaga-jagalah bersama-Ku."
39 Ia berjalan sedikit lebih jauh, lalu sujud di atas wajah-Nya
dan berdoa, katanya: "Ya Bapa-Ku, jika mungkin, biarlah
cawan ini berlalu dari-Ku; namun demikian, bukan kehendak-
Ku, melainkan kehendak-Mu . "
40 Kemudian Ia datang kepada murid-murid-Nya dan
mendapati mereka sedang tidur, lalu Ia berkata kepada Petrus,
"Mengapa engkau tidak dapat berjaga-jaga bersama-Ku satu
jam saja? 41 Berjaga-jagalah dan berdoalah, supaya engkau
jangan jatuh ke dalam pencobaan. Roh memang *rela* , tetapi
daging *lemah* ."
42 Sekali lagi, untuk kedua kalinya, Ia pergi dan berdoa,
katanya: "Ya Bapa-Ku, jika cawan ini tidak dapat berlalu dari-Ku
kecuali Aku meminumnya, jadilah kehendak-Mu." 43 Lalu Ia
kembali dan mendapati mereka tertidur lagi, karena mata
mereka berat.
44 Maka Ia meninggalkan mereka, lalu pergi lagi dan berdoa
untuk ketiga kalinya, mengucapkan kata-kata yang sama. 45
Kemudian Ia datang kepada murid-murid-Nya dan berkata
kepada mereka, "Apakah *kamu* masih tidur dan beristirahat?

Lihatlah, saatnya sudah dekat, dan Anak Manusia akan diserahkan ke tangan orang-orang berdosa. 46 Bangunlah, marilah kita pergi. Lihatlah, pengkhianat- Ku sudah dekat."

Matius 26:36-46

Pesan

36-38 Kemudian Yesus pergi bersama mereka ke sebuah taman bernama Getsemani dan berkata kepada murid-murid-Nya, "Tinggallah di sini sementara Aku pergi ke sana untuk berdoa." Ia membawa Petrus dan kedua putra Zebedeus, dan Ia pun sangat berduka. Lalu Ia berkata, "Kesedihan ini menghancurkan hidupku. Tinggallah di sini dan berjaga-jagalah bersama-Ku."

39 Setelah berjalan sedikit ke depan, ia sujud tersungkur sambil berdoa, "Bapa-Ku, jika ada jalan keluar, keluarkanlah aku dari keadaan ini. Tetapi, janganlah Engkau yang menginginkan apa yang kuinginkan. Engkau, apa yang *Engkau* inginkan?"

40-41 Ketika Ia kembali kepada murid-murid-Nya, Ia mendapati mereka tertidur lelap. Ia berkata kepada Petrus, "Tidak dapatkah engkau bertahan satu jam saja bersama-Ku? Berjaga-jagalah dan berdoalah supaya engkau tidak tersesat ke dalam godaan tanpa menyadari bahwa engkau dalam bahaya. Ada bagian dalam dirimu yang bersemangat, siap untuk melakukan apa pun di dalam Allah. Tetapi ada bagian lain yang malas seperti anjing tua yang tidur di dekat api."

42 Kemudian Ia meninggalkan mereka untuk kedua kalinya. Sekali lagi Ia berdoa, "Bapa-Ku, jika tidak ada cara lain selain ini, meminum cawan ini sampai habis, Aku siap. Lakukanlah kehendak-Mu."

43-44 Ketika ia kembali, ia mendapati mereka tertidur lelap. Mereka sama sekali tidak bisa membuka mata. Kali ini ia membiarkan mereka tidur, dan kembali untuk ketiga kalinya untuk berdoa, mengulangi doa yang sama untuk terakhir kalinya.

45-46 Ketika Ia kembali pada waktu berikutnya, Ia berkata, "Apakah kalian akan tidur dan bermalam? Waktu-Ku sudah habis, Anak Manusia akan segera diserahkan ke tangan orang-

orang berdosa. Bangunlah! Mari kita pergi! Pengkhianat-Ku ada di sini."

Matius 6:10
Versi King James Baru
10 Datanglah Kerajaan-Mu,
jadilah kehendak-Mu di bumi seperti *di* surga.

Matius 6:10-13
Pesan
7-13 "Dunia ini penuh dengan orang-orang yang mengaku sebagai pejuang doa yang sebenarnya tidak mengerti doa. Mereka penuh dengan rumus, program, dan nasihat, menjajakan teknik untuk mendapatkan apa yang Anda inginkan dari Tuhan. Jangan tertipu oleh omong kosong itu. Ini adalah Bapa Anda yang sedang Anda hadapi, dan Dia lebih tahu daripada Anda apa yang Anda butuhkan. Dengan Tuhan seperti ini yang mengasihi Anda, Anda dapat berdoa dengan sangat sederhana. Seperti ini:
Bapa kami di surga,
Nyatakan siapa Engkau. Perbaiki dunia; Lakukan yang terbaik—seperti di atas, begitu pula di bawah. Jagalah kami tetap hidup dengan tiga kali makan sehari. Jagalah kami tetap diampuni oleh-Mu dan mengampuni sesama. Lindungi kami dari diri kami sendiri dan Iblis. Engkau yang berkuasa! Engkau dapat melakukan apa pun yang Engkau inginkan! Engkau bersinar dalam keindahan! Ya. Ya. Ya.

**6 pagi** Bapa, bukan kehendak kami, melainkan kehendak-Mu yang terjadi di dalam kami, melalui kami, dan melalui Gereja-Mu pada musim yang strategis ini.

**Jam 9 pagi** Biarlah setiap agenda duniawi mati di altar sampai nasihat Tuhan menjadi yang tertinggi.

**Pukul 12 siang** saya menerima kekuatan untuk berdoa di tengah kesedihan, tekanan, dan perlawanan tanpa meninggalkan ketaatan.

**Pukul 3 sore** Setiap cawan penderitaan yang bukan dari-Mu, biarlah itu berlalu; setiap tugas dari-Mu, biarlah kasih karunia diberikan untuk melaksanakannya.

**Jam 6 sore** Tuhan, selaraskan keinginan, keputusan, dan pernyataan kami dengan pola surga.

**Pukul 9 malam** aku membungkam setiap suara kedagingan yang menentang penyerahan diri, kekudusan, dan ketaatan yang mahal.

**Pukul 12 tengah malam,** biarlah Gereja keluar dari Getsemani dengan pengabdian yang teguh dan tekad yang tak tergoyahkan.

**3 pagi** Bapa, baptislah aku dalam penyerahan diri sampai doa menjadi kesepakatan dengan tujuan kekal-Mu.

# Hari ke-9 - Musa di Celah

**Tulisan Suci:** Keluaran 32:11-14; Keluaran 32:30-33

Keluaran 32:11-14
Versi King James Baru
11 Kemudian Musa memohon kepada TUHAN -Allahnya, dan
berkata: "TUHAN, mengapa murka-Mu begitu hebat
terhadap umat-Mu yang telah Engkau bawa keluar dari tanah
Mesir dengan kuasa yang besar dan dengan tangan yang
perkasa? 12 **Mengapa** orang Mesir berkata, 'Ia membawa mereka
keluar untuk mencelakakan mereka, untuk membunuh
mereka di pegunungan, dan untuk membinasakan mereka dari
muka bumi'? Berpalinglah dari murka-Mu yang hebat, dan
hentikanlah kejahatan ini terhadap umat-Mu. 13 Ingatlah
Abraham, Ishak, dan Israel, hamba-hamba-Mu, kepada siapa
Engkau telah bersumpah demi diri-Mu sendiri, dan berkata
kepada mereka, 'Aku akan melipatgandakan keturunanmu
seperti bintang-bintang di langit; dan seluruh tanah yang telah
Kukatakan ini akan Kuberikan kepada keturunanmu, dan
mereka akan mewarisinya *untuk* selama-lamanya. '" 14 Maka
TUHAN mengurungkan niat jahat yang telah Ia firmankan
akan Ia timpakan kepada umat-Nya.

Keluaran 32:11-14
Pesan
11-13 Musa berusaha menenangkan Allahnya. Ia berkata,
"Mengapa Engkau murka kepada umat-Mu? Mengapa
Engkau membawa mereka keluar dari Mesir dengan
demonstrasi kuasa dan kekuatan yang dahsyat. Mengapa
Engkau membiarkan orang Mesir berkata, 'Ia membenci
mereka—ia membawa mereka keluar agar dapat membunuh
mereka di pegunungan, melenyapkan mereka dari muka
bumi.' Hentikanlah amarah-Mu. Pikirkanlah baik-baik

sebelum mendatangkan kejahatan terhadap umat-Mu!
Pikirkanlah Abraham, Ishak, dan Israel, hamba-hamba-Mu
yang kepadanya Engkau telah memberikan firman-Mu, yang
mengatakan kepada mereka, 'Aku akan memberikan
kepadamu banyak anak, sebanyak bintang-bintang di langit,
dan Aku akan memberikan tanah ini kepada anak-anakmu
sebagai tanah mereka untuk selama-lamanya.'"
14 Dan Allah berpikir dua kali. Ia memutuskan untuk tidak
melakukan kejahatan yang telah Ia ancamkan terhadap umat-
Nya.

Keluaran 32:30-33
Versi King James Baru
30 Pada hari berikutnya, Musa berkata kepada umat itu,
"Kamu telah berbuat dosa besar. Karena itu, sekarang aku
akan pergi menghadap TUHAN; mungkin aku dapat
mengadakan pendamaian untuk dosamu."
31 Lalu Musa
kembali kepada TUHAN dan berkata, "Oh, umat ini telah
berbuat dosa besar, dan telah membuat bagi mereka dewa
dari emas!
32 Namun sekarang, jika Engkau mau mengampuni
dosa mereka—tetapi jika tidak, aku mohon, hapuslah namaku
dari kitab-Mu yang telah Engkau tulis."
33 Dan TUHAN berfirman kepada Musa, "Siapa pun yang
telah berdosa terhadap-Ku, Aku akan menghapusnya dari
kitab-Ku.

Keluaran 32:30-34
Pesan
30 Keesokan harinya Musa berbicara kepada umat itu: "Kalian
telah berbuat dosa yang sangat besar! Tetapi aku akan naik
menghadap Allah; mungkin aku akan dapat membersihkan
kalian dari dosa kalian."
31-32 Musa kembali kepada Allah dan berkata, "Ini mengerikan.
Bangsa ini telah berdosa—dosa yang sangat besar! Mereka
membuat berhala-berhala dari emas untuk diri mereka sendiri.
Dan sekarang, jika Engkau mau mengampuni dosa mereka .

. . . Tetapi jika tidak, hapus namaku dari buku yang telah kau tulis."
33-34 Allah berfirman kepada Musa, "Aku hanya akan menghapus dari kitab-Ku nama orang-orang yang berdosa terhadap-Ku. Untuk sekarang, pergilah dan pimpinlah umat itu ke tempat yang telah Kukatakan kepadamu. Lihatlah, Malaikat-Ku berjalan di depanmu. Namun, pada hari Aku mengadakan perhitungan, dosa-dosa mereka pasti akan menjadi bagian dari penyelesaian itu."

**pukul 6 pagi** , ajari aku untuk berdoa syafaat berdasarkan perjanjian-Mu, nama-Mu, dan maksud penebusan -Mu .

**Pukul 9 pagi,** saya berdiri di tengah-tengah untuk keluarga saya, kota saya, dan Gereja, memohon belas kasihan di mana penghakiman pantas diterima.

**Pukul 12 siang** Biarlah amarah diredam oleh belas kasihan dan biarlah pertobatan membuka pintu bagi pemulihan di negeri kita.

**3 sore,** Bapa, ingatlah janji-janji-Mu dan biarlah perjanjian mengalahkan kehancuran di tempat-tempat yang ditandai untuk pemulihan ilahi.

**Pukul 6 sore** aku merasa terhubung dengan orang-orang di hadapan-Mu; aku menolak spiritualitas yang egois dan menerima beban bersama.

**Jam 9 malam.** Setiap tuduhan yang mengatakan bahwa suatu kaum sudah terlalu jauh untuk pulih, biarlah dibungkam oleh rahmat Tuhan.

**Tuhan** , peliharalah kesaksian-Mu di antara bangsa-bangsa dan biarlah perbuatan-perbuatan-Mu yang perkasa menyatakan kesetiaan-Mu sekali lagi.

**3 pagi,** bangkitkanlah di saat ini para pendoa syafaat yang dapat memohon, gigih, dan berhasil hingga seluruh komunitas diselamatkan.

# Hari ke-10 - Kehadiran, Anugerah, dan Keistimewaan

**Ayat-ayat Alkitab:** Keluaran 33:13-16; Ibrani 4:14-16

Keluaran 33:13-16
Versi King James Baru
13 Karena itu, aku berdoa, jika aku telah mendapat kasih karunia di hadapan-Mu, tunjukkanlah kepadaku jalan-Mu, supaya aku mengenal Engkau dan mendapat kasih karunia di hadapan-Mu. Dan pertimbangkanlah bahwa bangsa ini *adalah* umat-Mu."
14 Dan Ia berkata, "Kehadiran-Ku akan menyertai *kamu,* dan Aku akan memberikan ketenangan kepadamu."
15 Lalu ia berkata kepada-Nya, "Jika Engkau tidak menyertai *kami,* janganlah Engkau membawa kami keluar dari sini. 16
Sebab bagaimana mungkin diketahui bahwa umat-Mu dan aku telah mendapat kasih karunia di hadapan-Mu, jika Engkau tidak menyertai kami? Maka kami akan terpisah, umat-Mu dan aku, dari semua bangsa yang *ada* di muka bumi."

Keluaran 33:13-16
Pesan
12-13 Musa berkata kepada Allah, "Lihatlah, Engkau berkata kepadaku, 'Pimpinlah umat ini,' tetapi Engkau tidak memberitahukan kepadaku siapa yang akan Engkau utus bersamaku. Engkau berkata kepadaku, 'Aku mengenalmu dengan baik dan engkau istimewa bagi-Ku.' Jika aku begitu istimewa bagi-Mu, beritahukanlah kepadaku rencana-Mu. Dengan begitu, aku akan terus menjadi istimewa bagi-Mu. Jangan lupa, ini adalah umat- *Mu* , tanggung jawab-Mu."
14 Allah berfirman, "Kehadiran-Ku akan menyertai kamu. Aku akan melihat perjalananmu sampai akhir."

[15-16] Musa berkata, "Jika kehadiran-Mu tidak memimpin di sini, batalkan perjalanan ini sekarang juga. Bagaimana lagi akan diketahui bahwa Engkau menyertai aku dalam hal ini, aku dan umat-Mu? Apakah Engkau ikut bersama kami atau tidak? Bagaimana lagi kami akan tahu bahwa kami istimewa, aku dan umat-Mu, di antara semua orang lain di planet bumi ini?"

Ibrani 4:14-16
Versi King James Baru
**Imam Besar Kita yang Penuh Belas Kasih**
[14] Karena itu, karena kita mempunyai Imam Besar yang agung,
yaitu Yesus, Anak Allah, yang telah melewati surga, marilah
kita berpegang teguh pada pengakuan *kita* . [15] Sebab kita
mempunyai Imam Besar yang bukan tidak dapat merasakan
kelemahan kita, melainkan yang telah dicobai dalam segala *hal
seperti kita. namun* tanpa dosa. [16] Karena itu marilah kita dengan
berani menghampiri takhta kasih karunia, supaya kita
memperoleh belas kasihan dan menemukan kasih karunia
untuk menolong kita pada waktu dibutuhkan.

Ibrani 4:14-16
Pesan
**Imam Besar yang Menjerit Kesakitan**
[14-16] Sekarang kita tahu apa yang kita miliki—Yesus, Imam Besar yang agung ini yang memiliki akses langsung kepada Allah—jangan sampai kita membiarkannya lepas dari genggaman kita. Kita tidak memiliki imam yang tidak memahami realitas kita. Ia telah melalui kelemahan dan ujian, mengalami semuanya—semuanya kecuali dosa. Jadi marilah kita menghampiri-Nya dan menerima apa yang siap Ia berikan. Terimalah belas kasihan-Nya, terimalah pertolongan-Nya.

**6 pagi,** Bapa, jika kehadiran-Mu tidak menyertai kami, janganlah kami bergerak; tandai kami dengan kedekatan-Mu, bukan dengan kekuatan manusia.

**Pukul 9 pagi** aku memperoleh belas kasihan dan menemukan rahmat untuk membantu di saat dibutuhkan ini, untuk diriku sendiri, Gereja, dan bangsa-bangsa.

**12 siang** Biarlah kehadiran ilahi membedakan umat-Mu dari setiap sistem palsu dan agama yang tidak berdaya.

**Pukul 3 sore.** Setiap pengganti kehadiran Tuhan dalam pelayanan dan kehidupan pribadi, harus diungkap dan disingkirkan.

**Jam 6 sore** Tuhan, tunjukkanlah jalan-Mu kepada kami agar kami dapat mengenal-Mu dan hidup dalam kasih karunia di hadapan-Mu.

**Pukul 9 malam,** saya nyatakan bahwa persekutuan dengan Tuhan akan menjadi kekuatan, keindahan, dan perlindungan bagi umat pilihan.

**Pukul 12 tengah malam,** biarlah suasana di rumah-rumah, gereja-gereja, dan wilayah-wilayah berubah karena kehadiran-Mu telah berdiam di sana.

**3 pagi,** Bapa, jadikan kami pembawa hadirat kudus yang menyingkirkan kegelapan dan menegakkan perbedaan kebenaran.

# Hari ke-11 - Gunung Gereja: Kemurnian dan Api

**Ayat-ayat Alkitab:** 2 Tawarikh 7:13-16; Efesus 6:10-18

2 Tawarikh 7:13-16
Versi King James Baru
13 Apabila Aku menutup langit sehingga tidak ada hujan, atau
memerintahkan belalang untuk melahap tanah, atau
mengirimkan wabah penyakit di antara umat-Ku, 14 jika umat-
Ku yang disebut dengan nama-Ku merendahkan diri, berdoa,
mencari wajah-Ku, dan berbalik dari jalan-jalan mereka yang
jahat, maka Aku akan mendengar dari surga, dan akan
mengampuni dosa mereka dan menyembuhkan tanah mereka.
15 Sekarang mata-Ku akan terbuka dan telinga-Ku akan
memperhatikan doa *yang dipanjatkan* di tempat ini. 16 Karena
sekarang Aku telah memilih dan menguduskan rumah ini, supaya
nama-Ku ada di sana untuk selama-lamanya; dan mata - Ku dan hati
- Ku akan selalu ada di sana.

Efesus 6:10-18
Versi King James Baru
**Seluruh Perlengkapan Senjata Allah**
10 Akhirnya, saudara-saudaraku, jadilah kuat di dalam Tuhan
dan dalam kuasa kekuatan-Nya. 11 Kenakanlah seluruh
perlengkapan senjata Allah, supaya kamu dapat berdiri teguh
melawan tipu daya iblis. **12 Karena perjuangan kita bukanlah melawan darah** dan
daging, melainkan melawan penguasa-penguasa, melawan
kekuatan-kekuatan, melawan penguasa-penguasa kegelapan zaman
ini, melawan roh- *roh* jahat di tempat *-tempat surgawi.* 13 Karena itu,
kenakanlah seluruh perlengkapan senjata Allah, supaya kamu
dapat bertahan dalam hari yang jahat, dan sesudah melakukan
semuanya itu, kamu tetap berdiri teguh.

14 Karena itu, berdirilah teguh, dengan mengenakan ikat
pinggang kebenaran, mengenakan baju zirah kebenaran, 15 dan
mengenakan alas kaki yang siap untuk memberitakan Injil
damai; 16 dan di atas semuanya, kenakanlah perisai iman, yang
dengannya kamu dapat memadamkan segala panah api si
jahat. 17 Dan kenakanlah helm keselamatan dan pedang Roh,
yaitu firman Allah; 18 berdoalah selalu dengan segala doa dan
permohonan dalam Roh, berjaga-jagalah dengan segala
ketekunan dan permohonan untuk semua orang kudus.

2 Tawarikh 7:13-18

Pesan

12-18 Pada malam itu juga Allah menampakkan diri kepada Salomo dan berkata, “Aku menerima doamu; ya, Aku telah memilih tempat ini sebagai bait untuk persembahan, rumah ibadah. Jika Aku menghentikan curah hujan dari langit atau memerintahkan belalang untuk memakan tanaman atau mengirimkan wabah penyakit kepada umat-Ku, dan umat-Ku, umat-Ku yang telah ditetapkan Allah, menanggapi dengan merendahkan diri, berdoa, mencari hadirat-Ku, dan meninggalkan kehidupan mereka yang jahat, Aku akan ada di sana siap sedia bagimu: Aku akan mendengarkan dari surga, mengampuni dosa-dosa mereka, dan memulihkan tanah mereka. Mulai sekarang Aku waspada siang dan malam terhadap doa-doa yang dipanjatkan di tempat ini. Percayalah kepada-Ku, Aku telah memilih dan menguduskan Bait Suci yang telah engkau bangun ini: Nama-Ku terukir di atasnya selamanya; mata-Ku tertuju padanya dan hati-Ku selalu ada di dalamnya. Adapun engkau, jika engkau hidup di hadirat-Ku seperti ayahmu Daud hidup, murni dalam hati dan perbuatan, menjalani hidup yang telah Kutetapkan bagimu, taat dengan penuh perhatian kepada bimbingan dan penghakiman-Ku, maka Aku akan mendukung pemerintahanmu sebagai raja atas Israel—menjadikan Ini adalah kepastian di atas dasar yang kokoh. Jaminan perjanjian yang sama yang Kuberikan kepada Daud ayahmu, Kuberikan kepadamu, yaitu, 'Kamu dapat yakin akan selalu memiliki keturunan di atas takhta Israel.'

Efesus 6:10-18

Pesan

**Pertarungan Sampai Akhir**

10-12 Dan begitulah kira-kira kesimpulannya. Tuhan itu kuat, dan Dia ingin kamu kuat. Jadi ambillah segala sesuatu yang telah Tuhan siapkan untukmu, senjata-senjata yang dibuat dengan baik dari bahan-bahan terbaik. Dan gunakanlah senjata-senjata itu agar kamu mampu menghadapi segala sesuatu yang Iblis lemparkan kepadamu. Ini bukan perang akhir pekan yang akan kita tinggalkan dan lupakan dalam beberapa jam. Ini adalah pertarungan hidup dan mati sampai akhir melawan Iblis dan semua malaikatnya.

13-18 Bersiaplah. Kalian menghadapi jauh lebih banyak daripada yang dapat kalian tangani sendiri. Ambillah semua bantuan yang dapat kalian peroleh, setiap senjata yang telah Allah berikan, sehingga ketika semuanya berakhir, kalian masih tetap berdiri tegak. Kebenaran, keadilan, damai sejahtera, iman, dan keselamatan lebih dari sekadar kata-kata. Belajarlah bagaimana menerapkannya. Kalian akan membutuhkannya sepanjang hidup kalian. Firman Allah adalah senjata *yang sangat diperlukan* . Demikian juga, doa sangat penting dalam peperangan yang berkelanjutan ini. Berdoalah dengan sungguh-sungguh dan lama. Berdoalah untuk saudara-saudari kalian. Tetaplah waspada. Saling menguatkan semangat agar tidak ada yang tertinggal atau menyerah.

**6 pagi** Tuhan, rendahkan Gereja-Mu, panggil kami kembali untuk berdoa, dan sembuhkan negeri ini saat kami bertobat dan kembali.

**Jam 9 pagi** saya mengenakan seluruh perlengkapan senjata Allah dan menolak untuk melawan peperangan rohani dengan senjata duniawi.

**Pukul 12 siang** Biarlah setiap pencemaran dalam imamat disucikan oleh api kudus dan oleh takut akan Tuhan.

**Pukul 3 sore,** setiap gerbang neraka yang melawan gunung Gereja , hendaklah dihancurkan oleh kuasa Yesus Kristus.

**6 sore,** Bapa, pulihkan disiplin, ajaran, kekudusan, dan kuasa di rumah-Mu.

**Pukul 9 malam,** biarlah setiap penjaga yang tertidur bangun dan setiap altar yang ternoda dibersihkan.

**Pukul 12 tengah malam,** saya nyatakan bahwa gereja-gereja akan menjadi pusat pembebasan, pemuridan, penyembuhan, dan transformasi nasional.

**Jam 3 pagi** Ya Tuhan, biarlah Gereja yang berdoa, murni, dan militan bangkit dan mengganggu kerajaan kegelapan.

# Hari ke-12 - Gunung Gereja: Otoritas Apostolik

**Ayat-ayat Alkitab:** Kisah Para Rasul 4:29-30; Efesus 6:19-20

Kisah Para Rasul 4:29-30
Pesan
29-30 "Dan sekarang mereka melakukannya lagi! Waspadailah ancaman mereka dan berikanlah kepada hamba-hamba-Mu keyakinan yang teguh untuk memberitakan Firman-Mu, sebagaimana Engkau mengulurkan tangan-Mu kepada kami dalam penyembuhan dan mukjizat dan keajaiban yang dilakukan dalam nama hamba-Mu yang kudus, Yesus."

Efesus 6:19-20
Pesan
19-20 Dan jangan lupa berdoa untukku. Berdoalah agar aku tahu apa yang harus kukatakan dan memiliki keberanian untuk mengatakannya pada waktu yang tepat, menyampaikan misteri itu kepada semua orang, Pesan yang menjadi tanggung jawabku, sebagai seorang pendeta yang pernah dipenjara.

Kisah Para Rasul 4:29-30
Versi King James Baru
29 Sekarang, ya Tuhan, pandanglah ancaman mereka, dan berikanlah kepada hamba-hamba-Mu keberanian untuk
menyampaikan firman-Mu, 30 dengan mengulurkan tangan-Mu untuk menyembuhkan, dan agar tanda-tanda dan mukjizat dapat dilakukan melalui nama Hamba-Mu yang kudus, Yesus."

Efesus 6:19-20
Versi King James Baru

[19] dan bagiku, agar diberikanlah kepadaku kemampuan untuk berbicara, sehingga aku dapat dengan berani membuka mulutku untuk memberitakan rahasia Injil, [20] yang untuknya aku adalah seorang duta yang terbelenggu; supaya aku dapat berbicara dengan berani, sebagaimana seharusnya aku berbicara.

**6 pagi,** Bapa, berikanlah Gereja-Mu keberanian untuk mewartakan Kristus secara terbuka, dengan tepat, dan tanpa ragu-ragu.

**Pukul 9 pagi,** biarlah firman diberikan kepada para rasul, nabi, penginjil, gembala, guru, dan pendoa syafaat pada jam ini.

**Pukul 12 siang,** saya mematahkan semangat rasa malu, keraguan, dan kompromi yang melemahkan kesaksian tentang kerajaan Allah.

**pukul 3 sore** , dukunglah pemberitaan Injil dengan tanda-tanda, mukjizat, penghakiman, dan perjumpaan yang mengubah hidup.

**Pukul 6 sore,** segala embargo terhadap gerakan kerasulan, dicabut oleh tangan Tuhan.

**Pukul 9 malam,** saya menetapkan bahwa Gereja tidak akan mundur di bawah tekanan, tetapi akan maju dengan hikmat dan kuasa.

**Pukul 12 tengah malam,** semoga keberanian kudus meliputi orang-orang percaya muda, para penatua, dan para pemimpin.

**3 pagi,** Bapa, bangkitkanlah Gereja yang membuat hukum dalam doa dan melaksanakan rencana-Mu di bumi.

# Hari ke-13 - Gunung Keluarga: Memperbaiki Keretakan

**Tulisan Suci:** Maleakhi 4:5-6; Keluaran 20:12

Maleakhi 4:5-6
Versi King James Baru
5 Lihatlah, Aku akan mengutus nabi Elia kepadamu
sebelum datangnya hari Tuhan yang besar dan dahsyat itu.
6 Dan ia akan membalikkan
hati bapa-bapa kepada anak-anaknya, dan hati anak-anak
kepada bapa-bapanya, supaya Aku tidak datang dan menimpa
bumi dengan kutukan."

Keluaran 20:12
Versi King James Baru
12 "Hormatilah ayahmu dan ibumu, supaya panjang umurmu
di tanah yang diberikan TUHAN, Allahmu, kepadamu.

Maleakhi 4:5-6
Pesan
5-6 "Tetapi lihatlah juga ke depan: Aku mengutus nabi Elia untuk mempersiapkan jalan bagi Hari Besar Allah—Hari Penghakiman yang menentukan! Ia akan meyakinkan orang tua untuk menjaga anak-anak mereka dan anak-anak untuk menghormati orang tua mereka. Jika mereka menolak, Aku akan datang dan mengutuk negeri itu."

Keluaran 20:12
Pesan
12 Hormatilah ayah dan ibumu, supaya kamu panjang umur di tanah yang diberikan Allah, Tuhanmu, kepadamu.

**6 pagi,** Bapa, ubahlah hati para ayah kepada anak-anak dan anak-anak kepada ayah, dan sembuhkanlah keretakan yang diwariskan dalam keluarga.

**Jam 9 pagi** saya memutus pola kepahitan, penelantaran, pelecehan, dan kesalahpahaman kronis yang terjadi di dalam rumah tangga.

**Pukul 12 siang** Biarlah darah Yesus berbicara damai atas pernikahan, saudara kandung, orang tua, dan anak-anak.

**Pukul 3 sore.** Setiap altar generasi yang mensponsori pemberontakan, penundaan, kemandulan, dan kebingungan, terbakarlah sekarang.

**Jam 6 sore** Tuhan, pulihkan kehormatan, kelembutan, disiplin, kebenaran, dan saling tunduk di rumah tangga Kristen.

**Pukul 9 malam,** saya nyatakan bahwa keluarga akan menjadi tempat pelatihan untuk kebenaran dan inkubator takdir.

**12 tengah malam** Biarlah anak-anak yang hilang kembali, biarlah anggota yang terluka sembuh, dan biarlah rekonsiliasi mengalahkan keterasingan.

**3 pagi,** Bapa, amankan gunung keluarga demi kemuliaan-Mu dan hancurkan setiap konspirasi melawan rumah tangga perjanjian.

# Hari ke-14 - Gunung Keluarga: Anak-anak dan Benih Perjanjian

**Ayat-ayat Alkitab:** Yesaya 54:13; Mazmur 127:3-5; Efesus 6:1

Yesaya 54:13
Versi King James Baru
13 Semua anakmu *akan* diajar oleh Tuhan,
dan besar *akanlah* damai sejahtera anak-anakmu.

Mazmur 127:3-5
Versi King James Baru
3 Sesungguhnya, anak-anak *adalah warisan* dari Tuhan,
buah kandungan *adalah* upah.
4 Seperti anak panah di tangan seorang prajurit,
demikianlah anak-anak di masa muda seseorang.
5 Berbahagialah *orang* yang memiliki banyak anak;
mereka tidak akan dipermalukan, tetapi akan berbicara
dengan musuh-musuh mereka di gerbang.

Efesus 6:1
Versi King James Baru
**Anak-anak dan Orang Tua**
**6** Anak-anakku, taatilah orang tuamu dalam Tuhan, karena itu adalah hal yang benar.

Yesaya 54:13-17
Pesan
11-17 "Kota yang tertindas, yang diterjang badai, yang tidak dikasihani:
Aku akan membangun kembali engkau dengan batu pirus,
meletakkan fondasimu dengan safir, membangun menaramu
dengan rubi, pintu gerbangmu dengan permata, dan semua

tembokmu dengan batu mulia. Semua anakmu akan memiliki Allah sebagai guru mereka—
betapa hebatnya Dia sebagai pembimbing bagi anak-anakmu! Engkau akan dibangun dengan kokoh, berlandaskan kebenaran, jauh dari segala kesulitan—tidak ada yang perlu ditakuti! jauh dari teror—itu bahkan tidak akan mendekat! Jika ada yang menyerangmu, jangan sekali-kali mengira bahwa Aku yang mengirim mereka, dan jika ada yang menyerang, tidak akan terjadi apa-apa. Aku menciptakan pandai besi yang menyalakan tungkunya dan membuat senjata yang dirancang untuk membunuh. Aku juga menciptakan penghancur—
tetapi tidak ada senjata yang dapat melukaimu yang pernah ditempa. Setiap penuduh yang membawamu ke pengadilan akan dinyatakan sebagai pembohong. Inilah yang dapat diharapkan oleh hamba-hamba Allah. Aku akan memastikan bahwa semuanya berjalan dengan baik." Ketetapan Allah.

Mazmur 127:3-5
Pesan
3-5 Tidakkah kamu melihat bahwa anak-anak adalah karunia terbaik Allah?
Buah kandungan adalah warisan-Nya yang berlimpah? Seperti segenggam anak panah seorang prajurit, demikianlah anak-anak dari seorang pemuda yang gagah perkasa. Oh, betapa diberkati kamu, orang tua, dengan tabung panahmu yang penuh dengan anak-anak! Musuh-musuhmu tidak akan memiliki kesempatan melawanmu; kamu akan menyapu mereka dari depan pintu rumahmu.

Efesus 6:1-3
Pesan
**6** 1-3 Anak-anakku, lakukanlah apa yang diperintahkan orang tuamu kepadamu. Itulah yang benar. "Hormatilah ayah dan ibumu" adalah perintah pertama yang disertai dengan janji, yaitu, "supaya kamu hidup sejahtera dan panjang umur."

**pukul 6 pagi** , ajarlah anak-anak kami melalui Roh-Mu dan tegakkanlah kedamaian yang besar dalam hidup mereka.

**Pukul 9 pagi,** Aku melindungi anak-anak, remaja, dan dewasa muda dengan perlindungan ilahi dari korupsi, kekerasan, dan godaan.

**12 siang** Setiap klaim setan atas benih perjanjian, dibatalkan oleh darah Yesus.

**Pukul 3 sore.** Biarlah anak-anak bangkit seperti anak panah di tangan Yang Mahakuasa, diarahkan dengan tepat untuk tujuan kerajaan.

**6 sore,** Ayah, lepaskan kecanduan, kebingungan identitas, rasa ingin tahu tentang okultisme, dan keterikatan teman sebaya dari generasi ini.

**Pukul 9 malam,** saya nyatakan bahwa putra dan putri kita akan membawa kebijaksanaan, kemurnian, keberanian, dan kejelasan kenabian.

**12 tengah malam.** Biarlah sekolah, rumah, dan gereja menjadi tempat di mana kehidupan muda berjumpa dengan Tuhan secara mendalam.

**Ya** Tuhan, jagalah generasi mendatang dari kehancuran dan jadikan mereka tanda-tanda dan mukjizat bagi kerajaan-Mu.

# Hari ke-15 - Gunung Pemerintahan: Pemerintahan yang Adil

**Ayat-ayat Alkitab:** Yesaya 9:6-7; 1 Timotius 2:1-2

Yesaya 9:6-7
Versi King James Baru
6 Karena bagi kita seorang Anak telah lahir,
bagi kita seorang Putra telah diberikan; dan pemerintahan
akan berada di atas bahu-Nya. Dan nama-Nya akan disebut
Ajaib, Penasihat, Allah Perkasa, Bapa Kekal, Raja Damai.
**7 Pemerintahan** -*Nya* dan damai sejahtera -Nya
*akan* terus bertambah dan tidak ada akhirnya,
di atas takhta Daud dan atas kerajaan-Nya, untuk mengatur
dan menegakkannya dengan penghakiman dan keadilan sejak
saat itu sampai selama-lamanya. Semangat Tuhan semesta
alam akan melaksanakan hal ini.

1 Timotius 2:1-2
Versi King James Baru
**Berdoa untuk Semua Manusia**
**2 Oleh karena itu,** pertama-tama aku menasihati agar
permohonan, doa, syafaat, dan ucapan syukur dipanjatkan *untuk* semua
orang, **2 untuk raja** - raja dan semua orang yang berkuasa , agar kita
dapat hidup tenang dan damai dalam segala **kesalehan** dan **hormat** .

Yesaya 9:6-7
Pesan
2-7 Orang-orang yang berjalan dalam kegelapan
telah melihat cahaya yang besar. Bagi mereka yang hidup di
negeri yang penuh bayang-bayang— cahaya! pancaran cahaya!
Engkau telah mengisi kembali bangsa itu,
Engkau telah memperluas sukacitanya. Oh, mereka sangat

gembira di hadapan-Mu! Sukacita festival! Sukacita perayaan besar, berbagi hadiah yang berlimpah dan salam hangat. Penindasan para penindas dan kekejaman para tiran— semua cambuk dan pentungan dan kutukan mereka— telah lenyap, dihapuskan, sebuah pembebasan yang mengejutkan dan tiba-tiba seperti kemenangan Gideon atas Midian di masa lalu. Sepatu bot semua pasukan penyerang itu, bersama dengan baju mereka yang berlumuran darah orang tak berdosa, akan ditumpuk dan dibakar, api yang akan menyala selama berhari-hari! Karena seorang anak telah lahir—bagi kita! Karunia seorang putra—bagi kita! Ia akan mengambil alih pemerintahan dunia. Nama-nama-Nya akan menjadi: Penasihat yang Menakjubkan, Allah yang Perkasa, Bapa yang Kekal, Pangeran Kesempurnaan. Kekuasaan pemerintahan-Nya akan tumbuh, dan tidak akan ada batasan bagi kesempurnaan yang dibawa-Nya. Ia akan memerintah dari takhta Daud yang bersejarah atas kerajaan yang dijanjikan itu. Ia akan meletakkan kerajaan itu di atas landasan yang kokoh dan menjaganya tetap berjalan dengan perlakuan yang adil dan kehidupan yang benar, dimulai sekarang dan berlangsung selamanya. Semangat Allah-Penguasa-bala-bala-malaikat akan melakukan semua ini.

1 Timotius 2:1-3
Pesan

**Iman yang Sederhana dan Kebenaran yang Jelas**

2 [1-3] Hal pertama yang ingin Kukatakan kepadamu adalah berdoa. Berdoalah dengan segala cara yang kamu ketahui, untuk semua orang yang kamu kenal. Berdoalah khususnya untuk para penguasa dan pemerintahan mereka agar memerintah dengan baik sehingga kita dapat dengan tenang menjalankan urusan hidup kita yang sederhana, dalam perenungan yang rendah hati. Inilah cara hidup yang dikehendaki oleh Juruselamat kita, Allah.

**6 pagi** Bapa, biarlah pemerintahan yang adil semakin bertambah dan perdamaian ditegakkan di bangsa-bangsa kita di bawah kekuasaan Kristus.

**Pukul 9 pagi** , kami mengangkat raja, presiden, gubernur, anggota legislatif, hakim, dan pemimpin masyarakat di hadapan-Mu untuk memohon hikmat dan pengendalian diri.

**Pukul 12 siang** Setiap agenda korupsi, pertumpahan darah, penindasan, dan ambisi tanpa hukum, harus diungkap dan digagalkan.

**Pukul 3 sore.** Biarlah para penasihat yang berintegritas dan pria serta wanita yang takut akan Tuhan bangkit menduduki posisi-posisi berpengaruh di tempat-tempat strategis.

**Pukul 6 sore,** saya tetapkan bahwa undang-undang yang jahat tidak akan berlaku, dan penghakiman yang adil akan tetap ditegakkan.

**Jam 9 malam** , Bapa, hancurkan takhta-takhta tak terlihat berupa sihir, suap, dan manipulasi di balik kepemimpinan publik.

**Jam 12 malam.** Biarlah sistem pemerintahan diganggu oleh rasa takut akan Tuhan dan diarahkan kembali kepada keadilan.

**Ya** Tuhan, lindungilah negeri kami dari penguasa yang kejam dan pemimpin yang akan melindungi kehidupan, kebenaran, dan kebebasan.

# Hari ke-16 - Gunung Pemerintahan: Keadilan dan Pembebasan

**Ayat-ayat Alkitab:** Mazmur 72:14 Mazmur 82:1-8

Mazmur 72:14
Versi King James Baru
14 Ia akan menebus hidup mereka dari penindasan dan kekerasan;
dan darah mereka akan berharga di mata-Nya.

Mazmur 82
Versi King James Baru
**Permohonan Keadilan**
**Mazmur Asaf.**
82 Allah berdiri di tengah jemaat orang - orang perkasa;
Ia menghakimi di antara para dewa - 2
Berapa lama lagi kamu akan menghakimi dengan tidak adil,
dan menunjukkan keberpihakan kepada orang-orang jahat?
Selah *3*
Belalah orang miskin dan yatim piatu;
tegakkan keadilan kepada orang yang tertindas dan membutuhkan.
4 Bebaskan orang miskin dan yang membutuhkan;
bebaskan *mereka* dari tangan orang jahat.
5 Mereka tidak tahu, dan tidak mengerti;
Mereka berjalan dalam kegelapan; Semua dasar bumi tidak stabil .
6 Aku berkata, "Kamu *adalah* [e] dewa-dewa,
Dan kalian semua *adalah* anak-anak Yang Mahatinggi.
7 Tetapi kalian akan mati seperti manusia,
Dan jatuh seperti salah seorang pangeran."
8 Bangkitlah, ya Allah, hakimilah bumi;
karena Engkau akan mewarisi semua bangsa.

Mazmur 72:14
Pesan
9-14 Musuh-musuh akan berlutut di hadapan Allah,
musuh-musuh-Nya akan menjilat debu. Raja-raja yang jauh
dan legendaris akan memberi hormat, raja-raja yang kaya dan
gemerlap akan menyerahkan kekayaan mereka. Semua raja
akan sujud dan menyembah, dan bangsa-bangsa yang tidak
beriman akan mendaftar untuk melayani Dia, karena Dia
menyelamatkan orang miskin pada tanda pertama kebutuhan,
orang-orang yang terlantar yang telah kehabisan
keberuntungan. Dia membuka tempat di hati-Nya bagi orang-
orang yang terpinggirkan, Dia memulihkan orang-orang yang
sengsara di bumi. Dia membebaskan mereka dari tirani dan
siksaan—ketika mereka berdarah, Dia pun berdarah; ketika
mereka mati, Dia pun mati.

Mazmur 82
Pesan
**82** Tuhan memanggil para hakim ke ruang sidang-Nya,
Dia menempatkan semua hakim di kursi terdakwa.
2-4 "Cukup sudah! Kalian telah merusak keadilan terlalu lama,
kalian telah membiarkan orang jahat lolos dari hukuman atas
pembunuhan. Kalian di sini untuk membela yang tak berdaya,
untuk memastikan bahwa kaum lemah mendapatkan
kesempatan yang adil; tugas kalian adalah membela yang tak
berdaya, dan menuntut semua orang yang mengeksploitasi
mereka."
5. Hakim-hakim yang bodoh! Hakim-hakim yang menutup
mata terhadap kenyataan!
Mereka sama sekali tidak mengerti apa yang sedang terjadi.
Dan sekarang semuanya berantakan, dunia menjadi kacau.
6-7 "Aku telah mengangkat kalian sebagai hakim, masing-
masing dari kalian,
wakil dari Allah Yang Mahatinggi, tetapi kalian telah

mengkhianati tugas kalian dan sekarang kalian dicopot dari jabatan kalian, dipecat."

8 Ya Tuhan, berikanlah kepada mereka apa yang pantas mereka terima!
Engkau memegang seluruh dunia di tangan-Mu!

**pukul 6 pagi** , biarlah orang-orang jahat jatuh ke dalam lubang yang telah mereka gali dan biarlah sistem-sistem predator itu runtuh karena ulah mereka sendiri.

**Pukul 9 pagi,** bebaskan jiwa-jiwa orang miskin, yang rentan, dan yang tak bersuara dari tipu daya dan kekerasan.

**12 siang** Setiap mesin ketidakadilan yang menghisap darah orang tak bersalah, akan dihakimi oleh Tuhan yang adil.

**Pukul 3 sore.** Biarkan para pelaku perdagangan manusia, konspirator kekerasan, dan penindas institusional kehilangan jaringan, pendanaan, dan perlindungan mereka.

**Pukul 6 sore,** saya nyatakan bahwa darah orang yang tidak bersalah tidak akan lagi dianggap murah di negeri kita.

**Jam 9 malam** , Bapa, bangkitkanlah hakim-hakim yang saleh, para penyelidik, para pembela, dan para pembaharu yang tidak akan tunduk pada tekanan.

**Pukul 12 tengah malam.** Biarkan bukti tersembunyi muncul ke permukaan dan biarkan kebenaran menembus setiap kebohongan yang direkayasa.

**Jam 3 pagi** Ya Tuhan keadilan, bangkitlah untuk orang-orang yang tertindas dan tunjukkan kuasa-Mu di pengadilan dan dewan bangsa-bangsa.

# Hari ke-17 - Gunung Pendidikan: Kebenaran dan Keter discernment

**Kitab Suci: Daniel 1:9-21: Yakobus 1:5**

Daniel 1:9-21
Versi King James Baru
9 Sekarang Allah telah membuat Daniel disukai dan dikasihi oleh
kepala para kasim. 10 Dan kepala para kasim berkata kepada
Daniel, "Aku takut kepada tuanku raja, yang telah
menetapkan makanan dan minumanmu. Sebab mengapa ia
harus melihat wajahmu lebih buruk daripada wajah orang-
orang muda seusiamu ? Jika demikian, engkau akan
membahayakan kepalaku di hadapan raja."
11 Maka Daniel berkata kepada [b] kepala pelayan yang telah
diangkat oleh kepala kasim untuk mengawasi Daniel,
Hanania, Mishael , dan Azaria, 12 "Ujilah hamba-hambamu ini
selama sepuluh hari, dan suruhlah mereka memberi kami
sayuran untuk dimakan dan air untuk diminum. 13 Kemudian,
periksalah penampilan kami di hadapanmu, dan penampilan
para pemuda yang makan bagian dari makanan lezat raja; dan
sebagaimana yang engkau anggap pantas, *demikianlah*
perlakukanlah hamba-hambamu ini." 14 Maka ia menyetujui
permintaan mereka dalam hal ini, dan menguji mereka selama
sepuluh hari.
15 Dan setelah sepuluh hari, rupa mereka tampak lebih baik
dan lebih gemuk daripada semua pemuda yang memakan
bagian makanan lezat raja. 16 Maka [c] pengurus rumah tangga
itu mengambil bagian makanan lezat dan anggur yang
seharusnya mereka minum, dan memberi mereka sayuran.
17 Adapun keempat pemuda itu, Allah memberi mereka
pengetahuan dan keterampilan dalam segala sastra dan

hikmat; dan Daniel mempunyai pengertian dalam segala penglihatan dan mimpi.
[18] Pada akhir hari-hari itu, setelah raja berfirman agar mereka dibawa masuk, kepala para kasim membawa mereka ke hadapan Nebukadnezar. [19] Kemudian raja [d] mengajak mereka berbicara, dan di antara mereka semua tidak ada yang seperti Daniel, Hanania, Mishael , dan Azaria; karena itu mereka melayani di hadapan raja. [20] Dan dalam segala hal yang berkaitan dengan hikmat *dan* pengertian yang ditanyakan raja kepada mereka, ia mendapati mereka sepuluh kali lebih baik daripada semua ahli sihir *dan* ahli astrologi yang *ada* di seluruh kerajaannya. [21] Demikianlah Daniel tetap melayani sampai tahun pertama pemerintahan Raja Kores.

Yakobus 1:5
Versi King James Baru
[5] Jika ada di antara kamu yang kekurangan hikmat, mintalah kepada Allah, yang memberi kepada semua orang dengan murah hati dan tanpa cela, dan itu akan diberikan kepadanya.

Daniel 1:9-21
Pesan
[8-10] Tetapi Daniel bertekad untuk tidak menajiskan dirinya dengan makan makanan raja atau minum anggurnya, jadi ia meminta kepala staf istana untuk membebaskannya dari makanan kerajaan. Kepala staf istana, karena kasih karunia Allah, menyukai Daniel, tetapi ia memperingatkannya, "Aku takut akan apa yang akan dilakukan tuanku, raja. Dialah yang menetapkan makanan ini dan jika ia melihat bahwa engkau tidak sehat seperti yang lain, ia akan memenggal kepalaku!"
[11-13] Tetapi Daniel meminta pertolongan kepada seorang pengurus yang telah ditugaskan oleh kepala staf istana untuk mengurus Daniel, Hananiah, Mishael , dan Azariah: "Ujilah kami selama sepuluh hari dengan makanan sederhana berupa sayuran dan air. Kemudian bandingkanlah kami dengan orang-orang muda yang makan dari hidangan kerajaan. Buatlah keputusanmu berdasarkan apa yang kamu lihat."

14-16 Pelayan itu setuju untuk melakukannya dan memberi
mereka sayuran dan air selama sepuluh hari. Pada akhir
sepuluh hari , mereka tampak lebih sehat dan lebih kuat
daripada semua orang lain yang telah makan dari menu
kerajaan. Maka pelayan itu terus mengecualikan mereka dari
menu makanan dan minuman kerajaan dan hanya menyajikan
sayuran kepada mereka.
17-19 Allah memberikan kepada keempat pemuda ini
pengetahuan dan keterampilan baik dalam kitab-kitab
maupun dalam kehidupan. Selain itu, Daniel dikaruniai
kemampuan untuk memahami segala macam penglihatan dan
mimpi. Pada akhir masa pelatihan yang ditetapkan raja, kepala
staf kerajaan membawa mereka menghadap Nebukadnezar.
Ketika raja mewawancarai mereka, ia mendapati mereka jauh
lebih unggul daripada semua pemuda lainnya. Tidak seorang
pun yang dapat menandingi Daniel, Hanania, Mishael , dan
Azaria.
19-20 Maka mereka pun mengambil tempat dalam pelayanan
raja. Setiap kali raja meminta nasihat mereka tentang sesuatu,
tentang buku atau tentang kehidupan, ia mendapati mereka
sepuluh kali lebih baik daripada semua ahli sihir dan tukang
ilmu hitam di kerajaannya jika digabungkan.
21 Daniel terus melayani raja sampai tahun pertama
pemerintahan Raja Koresh.

Yakobus 1:5-8

Pesan

5-8 Jika kamu tidak tahu apa yang kamu lakukan, berdoalah
kepada Bapa. Ia senang menolong. Kamu akan mendapatkan
pertolongan-Nya, dan tidak akan direndahkan ketika kamu
memintanya. Berdoalah dengan berani, dengan penuh
keyakinan, tanpa ragu-ragu. Orang-orang yang
"mengkhawatirkan doa mereka" seperti gelombang yang
diterpa angin. Jangan berpikir kamu akan mendapatkan apa
pun dari Sang Guru dengan cara itu, terombang-ambing di
laut, dengan tetap membuka semua pilihanmu.

**6 pagi,** Bapa, jadikanlah rasa takut akan Tuhan sebagai dasar pembelajaran di sekolah-sekolah, universitas-universitas, dan pusat-pusat pelatihan.

**9 pagi** Saya menolak sistem indoktrinasi yang memerangi kebenaran, identitas, moralitas, dan pengetahuan tentang Tuhan.

**12 siang** Besarkan Daniels dan Esthers dengan kebijaksanaan, keunggulan, dan keyakinan tanpa kompromi di lingkungan akademis.

**Pukul 3 sore** Setiap kurikulum yang ditanamkan untuk menormalisasi kegelapan dan kebingungan, harus ditentang oleh kebenaran dan perlawanan yang adil.

**pukul 6 sore** , urapi para guru, dosen, peneliti, dan administrator yang akan mengelola pengaruh mereka dengan integritas.

**Pukul 9 malam,** saya nyatakan kebangkitan kembali pembelajaran yang baik, pemikiran yang disiplin, dan kearifan spiritual di kalangan siswa.

**12 tengah malam.** Biarlah kampus-kampus menjadi pusat-pusat kebangkitan, pertobatan, dan pembaharuan intelektual di bawah Kristus.

**3 pagi,** Bapa, rebutlah gunung pendidikan dan ubahlah dari penipuan menjadi pembentukan dalam kebenaran.

# Hari ke-18 - Gunung Pendidikan: Covenant Intelligence

**Kitab Suci: Yesaya 54:13; Ulangan 6:7;**

Yesaya 54:13
Versi King James Baru
13 Semua anakmu *akan* diajar oleh Tuhan,
dan besar *akanlah* damai sejahtera anak-anakmu.

Ulangan 6:7
Versi King James Baru
7 Ajarkanlah itu dengan sungguh-sungguh kepada anak-anakmu, dan bicarakanlah tentang itu ketika kamu duduk di rumahmu, ketika kamu berjalan di jalan, ketika kamu berbaring, dan ketika kamu bangun.

Yesaya 54:13-17
Pesan
11-17 "Kota yang tertindas, yang diterjang badai, yang tidak dikasihani:
Aku akan membangun kembali engkau dengan batu pirus, meletakkan fondasimu dengan safir, membangun menaramu dengan rubi, pintu gerbangmu dengan permata, dan semua tembokmu dengan batu mulia. Semua anakmu akan memiliki Allah sebagai guru mereka—betapa hebatnya Dia sebagai pembimbing bagi anak-anakmu! Engkau akan dibangun dengan kokoh, berlandaskan kebenaran, jauh dari segala kesulitan—tidak ada yang perlu ditakuti! jauh dari teror—itu bahkan tidak akan mendekat! Jika ada yang menyerangmu, jangan sekali-kali mengira bahwa Aku yang mengirim mereka, dan jika ada yang menyerang, tidak akan terjadi apa-apa.
Aku menciptakan pandai besi

yang menyalakan tungkunya dan membuat senjata yang dirancang untuk membunuh. Aku juga menciptakan penghancur—tetapi tidak ada senjata yang dapat melukaimu yang pernah ditempa. Setiap penuduh yang membawamu ke pengadilan akan dinyatakan sebagai pembohong. Inilah yang dapat diharapkan oleh hamba-hamba Allah. Aku akan memastikan bahwa semuanya berjalan dengan baik." Ketetapan Allah.

Ulangan 6:7-9

Pesan

6-9 Tuliskanlah perintah-perintah yang telah Kuberikan kepadamu hari ini di dalam hatimu. Masukkanlah itu ke dalam dirimu dan ke dalam anak-anakmu. Bicarakanlah tentang itu di mana pun kamu berada, baik saat duduk di rumah maupun saat berjalan di jalan; bicarakanlah tentang itu dari waktu kamu bangun di pagi hari sampai waktu kamu tidur di malam hari. Ikatlah itu pada tanganmu dan dahimu sebagai pengingat; tulislah itu pada tiang pintu rumahmu dan pada gerbang kotamu.

**pukul 6 pagi** , biarlah terang-Mu terbit atas para siswa dan pemikir hingga keunggulan menjadi kesaksian kebijaksanaan ilahi.

**Pukul 9 pagi** saya memohon hikmat tanpa cela bagi setiap orang beriman yang berkecimpung di dunia akademis, pembuatan kebijakan, dan penelitian.

**12 siang** Setiap tabir yang menutupi pikiran, angkatlah; setiap belenggu intelektual yang menolak kebenaran, hancurkanlah.

**Pukul 3 sore.** Biarlah inovasi, penemuan, dan wawasan mengalir kepada orang-orang kudus untuk transformasi masyarakat dan kesaksian kerajaan Allah.

**6 sore,** Bapa, berilah anak-anak dan para pemimpin kami pemahaman yang unggul disertai dengan kerendahan hati dan kemurnian.

**Pukul 9 malam,** saya nyatakan bahwa kebingungan, kem mediocrity, dan stagnasi pendidikan tidak akan mendefinisikan generasi ini.

**12 tengah malam.** Biarlah perpustakaan, laboratorium, dan ruang kuliah menjadi ladang untuk perjumpaan ilahi dan pengaruh yang benar.

**Jam 3 pagi,** ya Tuhan, curahkanlah kecerdasan perjanjian yang akan menjawab masalah-masalah mendesak dan memuliakan Kristus di antara bangsa-bangsa.

# Hari ke-19 - Gunung Media: Memurnikan Gelombang Udara

**Ayat Suci:** Filipi 4:8; Matius 12:36-37

Filipi 4:8
Versi King James Baru
**Renungkan Hal-Hal Ini**
8 Akhirnya, saudara-saudara, apa pun yang benar, apa pun *yang* mulia, apa pun yang *adil* , apa pun *yang* murni, apa pun *yang* indah, apa pun *yang* terpuji, jika *ada* kebajikan dan jika *ada* sesuatu yang patut dipuji—renungkanlah hal-hal itu.

Matius 12:36-37
Versi King James Baru
36 Tetapi Aku berkata kepadamu, bahwa untuk setiap perkataan sia-sia yang diucapkan manusia , mereka akan mempertanggungjawabkannya pada hari penghakiman. 37
Karena oleh perkataanmu kamu akan dibenarkan, dan oleh perkataanmu pula kamu akan dihukum."

Filipi 4:8-9
Pesan
8-9 Singkatnya, teman-teman, saya katakan bahwa kalian akan melakukan yang terbaik dengan mengisi pikiran kalian dan merenungkan hal-hal yang benar, mulia, terhormat, otentik, menarik, anggun—yang terbaik, bukan yang terburuk; yang indah, bukan yang jelek; hal-hal yang patut dipuji, bukan hal-hal yang patut dikutuk. Praktikkan apa yang telah kalian pelajari dari saya, apa yang telah kalian dengar, lihat, dan sadari. Lakukan itu, dan Tuhan, yang membuat segala sesuatu bekerja bersama-sama, akan membawa kalian ke dalam harmoni-Nya yang paling sempurna.

Matius 12:36-37
Pesan
34-37 "Pikiranmu seperti sarang ular! Bagaimana mungkin perkataanmu berarti sesuatu jika pikiranmu begitu kotor? Hatimulah, bukan kamus, yang memberi makna pada kata-katamu. Orang baik menghasilkan perbuatan dan perkataan yang baik dari musim ke musim. Orang jahat adalah hama di kebun. Biar kukatakan sesuatu kepadamu: Setiap kata-kata ceroboh ini akan kembali menghantui kamu. Akan ada waktu Penghakiman. Kata-kata itu ampuh; anggaplah itu serius. Kata-kata bisa menjadi keselamatanmu. Kata-kata juga bisa menjadi kutukanmu."

**6 pagi,** Bapa, sucikanlah gelombang udara, platform, dan saluran komunikasi yang tercemar oleh kebohongan, rayuan, dan kekerasan.

**Jam 9 pagi** saya menangkal narasi-narasi jahat yang menormalisasi kejahatan dan membuat orang menjadi tidak peka terhadap dosa.

**Pukul 12 siang** Biarlah setiap agenda media yang dipersenjatai untuk melawan kebenaran dan keadilan tercerai-berai.

**Pukul 3 sore:** Bangkitkan para jurnalis, penyiar, penulis, editor, dan kreator yang takut akan Tuhan dan menghormati kebenaran.

**Pukul 6 sore,** saya menetapkan bahwa saksi palsu, laporan yang dimanipulasi, dan propaganda harus diungkap dan dibatalkan.

**Jam 9 malam,** Tuhan, berikanlah hikmat kepada umat-Mu untuk membedakan apa yang mereka konsumsi, bagikan, sebarkan, dan rayakan.

**12 tengah malam.** Biarkan media massa menjadi saluran bagi kebenaran, keindahan, keberanian, dan kesaksian yang membawa penebusan.

**Jam 3 pagi** Ya Tuhan, bungkam lidah yang berbohong dan tegakkan suara-suara yang akan menyembuhkan, menerangi, dan membangkitkan bangsa-bangsa.

# Hari ke-20 - Gunung Media: Pesan Kerajaan

**Ayat Suci:** Mazmur 68:11; 2 Tesalonika 3:1

Mazmur 68:11
Versi King James Baru
11 Tuhan memberikan firman;
Besar sekali [a] jumlah orang yang memberitakannya :

2 Tesalonika 3:1
Versi King James Baru
**Doakan Kami**
**3** Akhirnya, saudara-saudara, doakanlah kami, agar firman Tuhan dapat tersebar *dengan cepat* dan dimuliakan, seperti *juga* di antara kalian.

Mazmur 68:11-14
Pesan
11-14 Tuhan memberikan firman;
ribuan orang berseru memberitakan kabar baik: "Raja-raja tentara sedang melarikan diri, melarikan diri!" Sementara para ibu rumah tangga, yang selamat dan sehat di rumah, membagi-bagi rampasan, rampasan perak dan emas orang Kanaan. Pada hari ketika Syaddai menghalau raja-raja, salju turun di Gunung Hitam.

2 Tesalonika 3:1-3
Pesan
**Mereka yang Malas**
**3** 1-3 Satu hal lagi, teman-teman: Doakan kami. Doakan agar Firman Tuhan menyebar dengan cepat ke seluruh negeri dan mendapatkan respons yang luar biasa, seperti yang terjadi di antara kalian. Dan doakan agar kami diselamatkan dari para

pengacau yang berusaha mencelakai kami. Saya menemukan bahwa tidak semua "orang percaya" benar-benar percaya. Tetapi Tuhan tidak pernah mengecewakan kita. Dia akan selalu menyertai kalian dan melindungi kalian dari kejahatan.

**pukul 6 pagi** , curahkan firman Tuhan dengan kuasa dan berikan kepada umat-Mu bahasa kemenangan.

**Jam 9 pagi.** Biarlah para pembawa pesan kebenaran dikuatkan untuk menyebarkan kebenaran di setiap platform yang tersedia.

**Pukul 12 siang,** saya nyatakan bahwa Injil akan menyebar dengan cepat melalui saluran digital, cetak, visual, dan verbal.

**Pukul 3 sore** , setiap perlawanan algoritmik terhadap kebenaran dan setiap bias tersembunyi terhadap kebenaran, semoga ditiadakan oleh Tuhan.

**6 sore,** Bapa, berilah kami komunikasi strategis yang mampu menembus tipu daya dan menjangkau hati dengan tepat.

**Pukul 9 malam.** Biarlah kesaksian, doktrin, kesaksian kenabian, dan kejelasan Alkitabiah mendapatkan daya tarik yang luar biasa di musim ini.

**Pukul 12 tengah malam,** saya memanggil para komunikator yang kreatif, disiplin, dan tak kenal takut yang tidak akan tunduk pada semangat zaman.

**Ya** Tuhan, kuasailah media massa dan jadikanlah ia melayani kebangkitan rohani, keadilan, dan kemajuan kerajaan Kristus.

# Hari ke-21 - Gunung Bisnis: Kekayaan dengan Tujuan

**Ayat Suci:** Ulangan 8:18; Ulangan 32:13

Ulangan 8:18
Versi King James Baru
18 “Dan ingatlah Tuhan, Allahmu, karena *Dialah* yang memberikan kekuatan kepadamu untuk memperoleh kekayaan, supaya Ia menegakkan perjanjian - Nya yang telah diikrarkan-Nya kepada nenek moyangmu, sebagaimana *yang terjadi pada* hari ini.

Ulangan 32:13
Versi King James Baru
13 “Ia membuat dia menunggang kuda di tempat yang tinggi di bumi,
supaya ia dapat memakan hasil ladang; Ia membuat dia mengambil madu dari batu karang, dan minyak dari batu karang yang keras;

Ulangan 8:18
Pesan
17-18 Jika kamu mulai berpikir dalam hatimu, “Aku melakukan semua ini. Dan semuanya sendiri. Aku kaya. Semuanya milikku!”—maka pikirkanlah lagi. Ingatlah bahwa Allah, Allahmu, telah memberikan kekuatan kepadamu untuk menghasilkan semua kekayaan ini untuk meneguhkan perjanjian yang telah Ia janjikan kepada nenek moyangmu—seperti yang terjadi pada hari ini.

Ulangan 32:13-14
Pesan

10-14 Ia menemukannya di padang gurun,
di tanah tandus yang berangin kencang. Ia memeluknya, mencurahkan perhatian kepadanya, menjaganya seperti biji mata-Nya. Ia seperti elang yang melayang di atas sarangnya, menaungi anak-anaknya,
lalu membentangkan sayapnya, mengangkat mereka ke udara, dan
mengajari mereka terbang. Allah sendirilah yang memimpinnya; tidak ada allah asing yang terlihat. Allah mengangkatnya ke puncak bukit, sehingga ia dapat menikmati hasil panen di ladang. Ia memberinya madu dari batu karang, minyak dari tebing granit, dadih sapi dan susu domba, potongan daging domba dan kambing pilihan, domba jantan Basan yang bagus, gandum berkualitas tinggi, dan darah anggur: engkau minum anggur yang baik!

**6 pagi,** Bapa, ingatlah perjanjian-Mu dan berikanlah kekuatan kepada umat-Mu untuk menciptakan kekayaan demi tujuan kerajaan-Mu.

**Pukul 9 pagi,** saya perintahkan agar sumber daya terpendam, peluang yang terabaikan, dan pintu-pintu peningkatan yang sah terbuka berkat karunia ilahi.

**12 siang** Setiap perusak yang ditugaskan melawan usaha yang benar, ditegurlah dalam nama Yesus.

**Pukul 3 sore** Biarlah harta benda di tempat tinggi dan persediaan tersembunyi di bumi dilepaskan untuk tugas-tugas kerajaan.

**Jam 6 sore** , Tuhan, singkirkan keserakahan, penipuan, kompromi, dan eksploitasi dari dunia bisnis.

**Pukul 9 malam,** saya nyatakan bahwa orang-orang beriman yang berbisnis akan makmur dalam kebenaran, kemurahan hati, dan pengelolaan yang strategis.

**Pukul 12 tengah malam.** Biarlah usaha-usaha yang selaras dengan surga bangkit, stabil, berlipat ganda, dan menjadi saluran lapangan kerja dan rahmat.

**Ya** Tuhan, alihkan sumber daya dari perbudakan menuju tujuan dan jadikan kekayaan selaras dengan rencana-Mu.

# Hari ke-22 - Gunung Bisnis: Jalur Pasokan yang Diurapi

**Ayat-ayat Alkitab:** Yeremia 31:11-14; Ayub 29:6

Yeremia 31:11-14
Versi King James Baru
11 Karena TUHAN telah menebus Yakub,
dan membebaskannya dari tangan orang yang lebih kuat darinya.
12 Karena itu mereka akan datang dan bernyanyi di puncak Sion,
berbondong-bondong memuji kebaikan TUHAN—untuk gandum, anggur baru, dan minyak, untuk anak domba dan sapi; jiwa mereka akan seperti taman yang diairi dengan baik, dan mereka tidak akan berduka lagi.
13 "Maka gadis perawan akan bersukacita dalam tarian,
dan orang muda dan orang tua bersama-sama; karena Aku akan mengubah ratapan mereka menjadi sukacita, akan menghibur mereka, dan membuat mereka bersukacita daripada berduka.
14 Aku akan [a] memuaskan jiwa para imam dengan kelimpahan,
dan umat-Ku akan dipuaskan oleh kebaikan-Ku, firman Tuhan."

Ayub 29:6
Versi King James Baru
6 Ketika langkahku dibasuh dengan krim, dan batu itu mencurahkan sungai-
sungai minyak untukku!

Yeremia 31:11-14
Pesan

10-14 "Dengarlah ini, hai bangsa-bangsa! Pesan Allah!
Sebarkanlah ini ke seluruh dunia! Katakanlah kepada mereka,
'Dia yang telah menyebarkan Israel
akan mengumpulkan mereka kembali.
Mulai sekarang Ia akan mengawasi mereka dengan saksama,
seperti seorang gembala mengawasi kawanan dombanya.'
Aku, Allah, akan membayar tebusan yang besar untuk Yakub;
Aku akan membebaskannya dari cengkeraman penguasa
Babel yang kejam. Orang-orang akan mendaki lereng Sion
dengan bersorak gembira, wajah mereka berseri-seri karena
kemurahan Allah—gandum dan anggur dan minyak, kawanan
domba, kawanan sapi. Hidup mereka akan seperti kebun yang
diairi dengan baik, tidak akan pernah lagi dibiarkan kering.
Perempuan-perempuan muda akan menari dan bergembira,
laki-laki muda dan laki-laki tua akan ikut serta. Aku akan
mengubah tangisan mereka menjadi tawa, melimpahkan
penghiburan, menggantikan kesedihan mereka dengan
sukacita. Aku akan memastikan bahwa para imam mereka
mendapat tiga kali makan sehari dan bahwa umat-Ku
memiliki lebih dari cukup.'" Ketetapan Allah.

Ayub 29:6

Pesan

**Saat Tuhan Masih di Sisiku**

**29** 1-6 Ayub kemudian melanjutkan jawabannya:
"Oh, betapa aku merindukan masa-masa indah dulu,
ketika Tuhan begitu menjagaku. Dia selalu memegang pelita
di hadapanku dan aku berjalan dalam kegelapan dengan
cahayanya. Oh, betapa aku merindukan tahun-tahun
keemasan itu ketika persahabatan Tuhan menghiasi rumahku,
ketika Yang Mahakuasa masih di sisiku dan anak-anakku ada
di sekelilingku, ketika semuanya berjalan sesuai keinginanku,
dan tidak ada yang tampak terlalu sulit."

**pukul 6 pagi** , tebus dan penuhi umat-Mu serta puaskan mereka dengan kebaikan di musim kekeringan dan ketidakpastian.

**Pukul 9 pagi,** saya nyatakan berkat supernatural atas pelayanan, keluarga, misi, dan proyek-proyek kerajaan.

**Pukul 12 siang** Setiap siklus kehilangan, kebocoran, dan hampir runtuhnya sebuah terobosan, hendaknya dihentikan oleh tangan Tuhan.

**Pukul 3 sore,** biarlah kelimpahan mengalir di tempat yang telah lama tandus, dan biarlah kerja keras yang benar menghasilkan pahala yang penuh.

**6 sore,** Bapa, tegakkanlah jalur pasokan yang bersih, kemitraan yang jujur, dan transaksi yang terlindungi bagi umat-Mu.

**Pukul 9 malam,** aku perintahkan penundaan di gerbang penyediaan untuk memberi jalan bagi percepatan ilahi.

**12 tengah malam** Biarlah lantai kita dipenuhi dengan hal-hal yang cukup untuk kemurahan hati, misi, dan perluasan kerajaan.

**Ya** Tuhan, ubahlah kelangkaan menjadi kesaksian dan jadikan umat-Mu bukti nyata dari persediaan perjanjian.

# Hari ke-23 - Gunung Seni: Kreativitas yang Disucikan

**Tulisan Suci:** Keluaran 31:1-5; Mazmur 150:1-6

Keluaran 31:1-5
Versi King James Baru
**Para Pengrajin untuk Membangun Tabernakel**
**31** Kemudian TUHAN berfirman kepada Musa: [2] "Lihatlah,
Aku telah memanggil nama Bezaleel, putra Uri, putra Hur ,
dari suku Yehuda. [3] Dan Aku telah memenuhi dia dengan
Roh Allah, dalam hikmat, dalam pengertian, dalam
pengetahuan, dan dalam segala *macam* pekerjaan, [4] untuk
merancang karya seni, untuk mengerjakan emas, perak,
perunggu, [5] untuk memotong permata untuk dipasang, untuk
mengukir kayu, dan untuk mengerjakan segala *macam*
pekerjaan.

Mazmur 150
Versi King James Baru
**Segala sesuatu memuji Tuhan.**
**150** Pujilah Tuhan !
Pujilah Allah di tempat kudus-Nya;
Pujilah Dia di cakrawala- Nya yang perkasa !
[2] Pujilah Dia atas perbuatan-perbuatan-Nya yang perkasa;
Pujilah Dia sesuai dengan kebesaran-Nya yang agung!
[3] Pujilah Dia dengan bunyi terompet; Pujilah Dia dengan
kecapi dan harpa!
[4] Pujilah Dia dengan rebana dan tarian; Pujilah Dia dengan
alat
musik gesek dan seruling!
[5] Pujilah Dia dengan simbal yang keras;
Pujilah Dia dengan simbal yang berdentang!
[6] Segala makhluk yang bernapas hendaknya memuji Tuhan.

[d] Puji Tuhan!

Keluaran 31:1-5
Pesan
**Bezalel dan Oholiab**
**31** [1-5] Allah berfirman kepada Musa: "Lihatlah apa yang telah Kulakukan; Aku sendiri telah memilih Bezaleel, putra Uri, putra Hur dari suku Yehuda. Aku telah memenuhi dia dengan Roh Allah, memberikan kepadanya keterampilan, pengetahuan, dan keahlian dalam segala macam kerajinan untuk membuat desain dan mengerjakan emas, perak, dan perunggu; untuk memotong dan memasang batu permata; untuk mengukir kayu—ia adalah seorang pengrajin serba bisa.

Mazmur 150
Pesan
**150** [1-6] Haleluya!
Pujilah Allah di rumah ibadah-Nya yang kudus, pujilah Dia di bawah langit terbuka; Pujilah Dia atas perbuatan-perbuatan kuasa-Nya, pujilah Dia atas kebesaran-Nya yang agung; Pujilah dengan tiupan terompet, pujilah dengan petikan senar yang lembut; Pujilah Dia dengan kastanyet dan tarian, pujilah Dia dengan banjo dan seruling; Pujilah Dia dengan simbal dan gendang besar, pujilah Dia dengan biola dan mandolin. Biarlah setiap makhluk hidup yang bernapas memuji Allah! Haleluya!

**6 pagi,** Bapa, kembalikan kreativitas, kesenian, dan imajinasi untuk kemuliaan-Mu dan bukan untuk pemberontakan.

**Jam 9 pagi** saya mematahkan pengaruh memikat kegelapan atas musik, film, mode, penceritaan, dan pertunjukan.

**12 siang.** Bangkitkan para seniman yang dikuduskan, dipenuhi dengan keterampilan, kebijaksanaan, keindahan, dan keberanian suci.

**Pukul 3 sore** Setiap altar yang menggunakan kreativitas untuk memuliakan penyimpangan, kekerasan, dan penyembahan berhala, hendaklah digulingkan.

**Jam 6 sore** , Tuhan, biarlah lagu, gambar, cerita, dan pertunjukan menjadi pembawa kebenaran dan keyakinan.

**Pukul 9 malam,** saya menetapkan bahwa gunung seni tidak akan lagi menjadi wilayah yang diserahkan kepada musuh.

**12 tengah malam.** Biarkan para penyembah, penulis, desainer, aktor, dan musisi mengalami perjumpaan yang mendalam dengan Tuhan dan berkarya dari limpahan berkat.

**Tuhan** , curahkan keindahan yang berpadu dengan kebenaran dan keunggulan yang berpadu dengan kekudusan dalam ranah kreatif.

# Hari ke-24 - Gunung Seni: Penebusan Budaya

**Ayat-ayat Alkitab:** Yesaya Wahyu 21:24-26; Kejadian 1:26-27; Mazmur 96:1-3

Wahyu 21:24-26
Versi King James Baru
24 Dan bangsa-bangsa [a] orang-orang yang diselamatkan akan
berjalan dalam terangnya, dan raja-raja bumi akan membawa
kemuliaan dan kehormatan mereka [b] ke dalamnya. 25 Pintu
gerbangnya tidak akan ditutup sama sekali pada siang hari
(tidak akan ada malam di sana). 26 Dan mereka akan membawa
kemuliaan dan kehormatan bangsa-bangsa ke dalam [c] nya.

Kejadian 1:26-27
Versi King James Baru
26 Lalu Allah berkata, "Mari Kita jadikan manusia menurut
gambar dan rupa Kita; biarlah mereka berkuasa atas ikan di
laut, atas burung di udara, dan atas ternak, atas seluruh bumi dan atas
segala binatang melata yang merayap di bumi." 27 Maka Allah
menciptakan manusia menurut gambar-Nya ; menurut
gambar Allah Ia menciptakan mereka; laki-laki dan
perempuan Ia ciptakan mereka.

Mazmur 96:1-3
Versi King James Baru
**Nyanyian Pujian kepada Tuhan yang Akan Datang dalam Penghakiman**
**96** Nyanyikanlah bagi Tuhan nyanyian baru!
Nyanyikanlah bagi Tuhan, hai seluruh bumi.
2 Nyanyikanlah bagi Tuhan, pujilah nama-Nya;
beritakanlah kabar baik tentang keselamatan-Nya dari hari ke hari.

3 Nyatakanlah kemuliaan-Nya di antara bangsa-bangsa,
keajaiban-keajaiban-Nya di antara semua umat.

Wahyu 21:24-27

Pesan

15-21 Malaikat yang berbicara denganku mempunyai tongkat pengukur emas untuk mengukur Kota itu , gerbang-gerbangnya, dan temboknya. Kota itu berbentuk persegi sempurna. Ia mengukur Kota itu dengan tongkat pengukur: seribu lima ratus mil, panjang, lebar, dan tingginya sama. Dengan menggunakan ukuran standar itu, Malaikat mengukur ketebalan temboknya: tujuh puluh dua yard. Tembok itu terbuat dari jasper, warna Kemuliaan, dan Kota itu terbuat dari emas murni, tembus pandang seperti kaca. Fondasi tembok Kota itu dihiasi dengan setiap permata berharga yang dapat dibayangkan: fondasi pertama jasper, yang kedua safir, yang ketiga akik, yang keempat zamrud, yang kelima onyx, yang keenam karnelian, yang ketujuh krisolit, yang kedelapan beryl, yang kesembilan topaz, yang kesepuluh krisopras, yang kesebelas jacinth, yang kedua belas amethyst. Kedua belas gerbang itu adalah dua belas mutiara, setiap gerbang adalah satu mutiara.

21-27 Jalan utama kota itu terbuat dari emas murni, tembus pandang seperti kaca. Tetapi tidak ada tanda-tanda Bait Suci, karena Tuhan Allah—Yang Mahakuasa—dan Anak Domba adalah Bait Suci itu. Kota itu tidak membutuhkan matahari atau bulan untuk penerangan. Kemuliaan Allah adalah penerangannya, Anak Domba adalah pelitanya! Bangsa-bangsa akan berjalan dalam terangnya dan raja-raja bumi akan membawa kemuliaan mereka. Gerbangnya tidak akan pernah ditutup pada siang hari, dan tidak akan ada malam. Mereka akan membawa kemuliaan dan kehormatan bangsa-bangsa ke dalam Kota itu . Tidak ada sesuatu pun yang kotor atau najis akan masuk ke dalam Kota itu , dan tidak seorang pun yang menajiskan atau menipu. Hanya mereka yang namanya tertulis dalam Kitab Kehidupan Anak Domba yang akan masuk.

Kejadian 1:26-28
Pesan
26-28 Allah berfirman: "Marilah Kita menciptakan manusia menurut gambar Kita, yang
mencerminkan sifat Kita, supaya mereka dapat bertanggung jawab atas ikan di laut, burung di udara, ternak, dan bahkan bumi itu sendiri, serta segala binatang yang bergerak di muka bumi."
Allah menciptakan manusia;
Ia menciptakan mereka seperti Allah, yang mencerminkan sifat Allah. Ia menciptakan mereka laki-laki dan perempuan.
Allah memberkati mereka: " Berkembang biaklah! Beranak cuculah! Penuhilah bumi! Bertanggung jawablah!
Bertanggung jawablah atas ikan di laut dan burung di udara, atas segala makhluk hidup yang bergerak di muka bumi."

Mazmur 96:1-3
Pesan
**96** 1-2 Nyanyikanlah pujian baru bagi Allah!
Bumi dan semua yang ada di dalamnya, nyanyikanlah!
Nyanyikanlah pujian kepada Allah— *sembah* Allah!
2-3 Sebarkan kabar kemenangan-Nya dari ujung laut ke ujung laut,
Sampaikan kabar kemuliaan-Nya kepada yang tersesat, Kabar keajaiban-Nya kepada semua orang!

**pukul 6 pagi** , biarlah kekayaan, perhatian, dan pengaruh budaya diarahkan kembali kepada hal-hal yang memuliakan-Mu.

**Pukul 9 pagi** aku menyerukan suara baru dan kesaksian baru yang menyatakan kemuliaan-Mu di antara bangsa-bangsa.

**Pukul 12 siang** Setiap penindasan budaya yang menormalisasi kegelapan, hancurkan sekarang di bawah kuasa yang lebih tinggi dari kerajaan Allah.

**Pukul 3 sore.** Biarkan para kreator dengan keyakinan akan Kerajaan Allah menduduki panggung, studio, galeri, dan teater dengan penuh wibawa.

**6 sore,** Bapa, selamatkan selera publik, imajinasi kolektif, dan nafsu nasional dari korupsi.

**Pukul 9 malam,** saya nyatakan bahwa keindahan tidak akan lagi dipisahkan dari kebenaran dan kreativitas tidak akan lagi dipisahkan dari hati nurani.

**12 tengah malam** Biarlah seni menjadi ladang perjumpaan ilahi tempat anak-anak yang tersesat berpaling dan para pencari menyaksikan kemuliaan-Mu.

**Ya** Tuhan, masuki budaya dengan cahaya suci yang cemerlang dan buatlah bangsa-bangsa mendengar suara kebangkitan.

# Hari ke-25 - Agama dan Gereja: Api Kebangunan Rohani

**Ayat-ayat Alkitab:** 2 Tawarikh 7:14; Roma 15:30-32

2 Tawarikh 7:14
Versi King James Baru
14 Jika umat-Ku yang disebut dengan nama-Ku merendahkan diri, berdoa, mencari wajah-Ku, dan berbalik dari jalan-jalan mereka yang jahat, maka Aku akan mendengar dari surga, dan akan mengampuni dosa mereka dan menyembuhkan negeri mereka.

Roma 15:30-32
Versi King James Baru
30 Sekarang aku memohon kepadamu, saudara-saudara, demi
Tuhan Yesus Kristus dan demi kasih Roh Kudus, supaya
kamu bersama-sama berdoa kepada Allah untukku, 31 supaya
aku dibebaskan dari orang-orang di Yudea yang tidak percaya , dan
supaya pelayananku untuk Yerusalem berkenan kepada orang-orang kudus, 32
supaya aku dapat datang kepadamu dengan sukacita sesuai
kehendak Allah, dan dapat disegarkan bersama-sama dengan
kamu.

2 Tawarikh 7:14-18
Pesan
12-18 Pada malam itu juga Allah menampakkan diri kepada Salomo dan berkata, "Aku menerima doamu; ya, Aku telah memilih tempat ini sebagai bait untuk persembahan, rumah ibadah. Jika Aku menghentikan curah hujan dari langit atau memerintahkan belalang untuk memakan tanaman atau mengirimkan wabah penyakit kepada umat-Ku, dan umat-Ku, umat-Ku yang telah ditetapkan Allah, menanggapi dengan merendahkan diri, berdoa, mencari hadirat-Ku, dan

meninggalkan kehidupan mereka yang jahat, Aku akan ada di sana siap sedia bagimu: Aku akan mendengarkan dari surga, mengampuni dosa-dosa mereka, dan memulihkan tanah mereka. Mulai sekarang Aku waspada siang dan malam terhadap doa-doa yang dipanjatkan di tempat ini. Percayalah kepada-Ku, Aku telah memilih dan menguduskan Bait Suci yang telah engkau bangun ini: Nama-Ku terukir di atasnya selamanya; mata-Ku tertuju padanya dan hati-Ku selalu ada di dalamnya. Adapun engkau, jika engkau hidup di hadirat-Ku seperti ayahmu Daud hidup, murni dalam hati dan perbuatan, menjalani hidup yang telah Kutetapkan bagimu, taat dengan penuh perhatian kepada bimbingan dan penghakiman-Ku, maka Aku akan mendukung pemerintahanmu sebagai raja atas Israel—menjadikan Ini adalah kepastian di atas dasar yang kokoh. Jaminan perjanjian yang sama yang Kuberikan kepada Daud ayahmu, Kuberikan kepadamu, yaitu, 'Kamu dapat yakin akan selalu memiliki keturunan di atas takhta Israel.'

Roma 15:30-33
Pesan
30-33 Aku mempunyai satu permintaan, saudara-saudaraku yang terkasih: Doakanlah aku. Berdoalah dengan sungguh-sungguh bersama dan untukku—kepada Allah Bapa, melalui kuasa Tuhan kita Yesus, melalui kasih Roh—agar aku dibebaskan dari gua singa orang-orang yang tidak percaya di Yudea. Berdoalah juga agar persembahan pertolonganku kepada orang-orang percaya di Yerusalem diterima dalam roh yang menyertainya. Kemudian, jika Allah menghendaki, aku akan berangkat kepada kalian dengan hati yang ringan dan penuh semangat, menantikan penyegaran dari kehadiran kalian. Damai sejahtera Allah menyertai kalian semua. Oh, ya!

**6 pagi,** Bapa, kembalikan Gereja-Mu kepada kerendahan hati, pertobatan, dan doa perjanjian.

**Pukul 9 pagi** saya berjuang bersama dalam doa dengan orang-orang kudus untuk kebangunan rohani, kesucian, dan pencurahan Roh Kudus yang baru.

**Pukul 12 siang.** Biarlah jemaat yang tertidur terbangun dan biarlah altar-altar yang kering menyala kembali.

**Pukul 3 sore,** segala perlawanan terhadap kebangkitan rohani yang berakar pada kesombongan, tradisi, dan dosa tersembunyi, hendaklah dipatahkan.

**Jam 6 sore** , Tuhan, kunjungi denominasi, persekutuan, pelayanan, dan jaringan doa dengan api pemurnian.

**Pukul 9 malam,** saya nyatakan baptisan baru berupa kerinduan akan firman, ibadah, kekudusan, dan beban penginjilan.

**Pukul 12 tengah malam.** Biarlah mukjizat, keyakinan, rekonsiliasi, dan pembebasan kembali menjadi pusat kehidupan gereja.

**Ya** Tuhan, hidupkan kembali karya-Mu di tengah tahun-tahun ini dan biarkan Gereja menjadi kekuatan transformasi lagi.

# Hari ke-26 - Agama dan Gereja: Perlindungan bagi Umat yang Tersisa

**Ayat-ayat Alkitab:** Mazmur 92:8,14; Matius 26:41

Mazmur 92:8
Versi King James Baru
8 Tetapi Engkau, Tuhan, *tetap* berada di tempat yang tinggi untuk selama-lamanya.

Mazmur 92:14
Versi King James Baru
14 Mereka akan tetap berbuah pada usia tua;
Mereka akan [a] segar dan [b] subur,

Matius 26:41
Versi King James Baru
41 Berjaga-jagalah dan berdoalah, supaya kamu jangan jatuh ke dalam pencobaan. Roh memang *rela* , tetapi daging *lemah* ."

Mazmur 92:8-9
Pesan
4-9 Engkau membuatku sangat bahagia, ya Allah.
Aku melihat pekerjaan-Mu dan aku bersorak gembira. Betapa agung pekerjaan-Mu, ya Allah! Betapa dalam pikiran-Mu! Orang-orang bodoh tidak pernah memperhatikan apa yang Engkau lakukan; orang-orang dungu tidak pernah memahaminya. Ketika orang-orang jahat muncul seperti gulma dan semua pria dan wanita jahat mengambil alih, Engkau membasmi mereka, menghabisi mereka untuk selamanya. Engkau, ya Allah, Maha Tinggi dan Kekal. Lihatlah musuh-musuh-Mu, ya Allah!

Lihatlah musuh-musuh-Mu—hancur!
Tersebar ke angin, semua antek-antek kejahatan itu!

Mazmur 92:14
Pesan
10-14 Tetapi Engkau telah menjadikan aku kuat seperti bison yang menyerbu,
Engkau telah menghormati aku dengan pawai yang meriah.
Pemandangan para pengkritikku yang jatuh masih segar dalam ingatanku, kekalahan para pencela jahatku. Telingaku dipenuhi dengan suara janji: " Orang baik akan makmur seperti pohon palem,
tumbuh tinggi seperti pohon aras Lebanon; ditanam di pelataran Allah, mereka akan tumbuh tinggi di hadapan Allah, lincah dan hijau, tetap perkasa di usia tua."
Matius 26:41
Pesan
40-41 Ketika Ia kembali kepada murid-murid-Nya, Ia mendapati mereka tertidur lelap. Ia berkata kepada Petrus, "Tidak dapatkah engkau bertahan satu jam saja bersama-Ku? Berjaga-jagalah dan berdoalah supaya engkau tidak tersesat ke dalam godaan tanpa menyadari bahwa engkau dalam bahaya. Ada bagian dalam dirimu yang bersemangat, siap untuk melakukan apa pun di dalam Allah. Tetapi ada bagian lain yang malas seperti anjing tua yang tidur di dekat api."

**Tuhan** , jagalah orang-orang benar dan peliharalah umat yang tersisa agar tetap berbuah, segar, dan berkembang di masa-masa sulit dan berat.

**Pukul 9 pagi** saya menerima anugerah untuk berjaga dan berdoa agar godaan tidak mengalahkan saya atau orang-orang kudus.

**Pukul 12 siang.** Segala upaya untuk melemahkan para pendoa syafaat, pemimpin, dan orang percaya yang setia, gagal dalam nama Yesus.

**Pukul 3 sore.** Biarlah akar orang benar menancap dalam-dalam dan biarlah kesaksian mereka tetap hijau dan hidup.

**6 sore,** Bapa, lindungilah hamba-hamba-Mu dari skandal, kelelahan, keputusasaan, dan jebakan rohani.

**Pukul 9 malam,** Aku menetapkan bahwa sisa umat itu tidak akan dimusnahkan; ia akan semakin kuat di bawah tekanan.

**Pukul 12 siang,** semoga orang-orang beriman yang tersembunyi disegarkan oleh surga dan dikuatkan dengan minyak yang kekal.

**Tuhan** , dukunglah umat yang berdoa hingga terobosan nasional dan generasi mendatang terwujud.

# Hari ke-27 - Gunung Keluarga: Pernikahan di Bawah Ancaman

**Ayat-ayat Alkitab:** Matius 19:6; Pengkhotbah 4:12

Matius 19:6
Versi King James Baru
6 Jadi, mereka bukan lagi dua, melainkan satu daging. Karena itu, apa yang telah dipersatukan Allah, janganlah dipisahkan manusia."

Pengkhotbah 4:12
Versi King James Baru
12 Sekalipun seseorang dikalahkan oleh orang lain, dua orang dapat melawannya.
Dan tali tiga helai tidak mudah putus.

Matius 19:6
Pesan
4-6 Ia menjawab, "Tidakkah kamu membaca dalam Alkitabmu bahwa Sang Pencipta pada mulanya menciptakan laki-laki dan perempuan untuk satu sama lain, laki-laki dan perempuan? Dan karena itulah, seorang laki-laki meninggalkan ayah dan ibunya dan terikat erat dengan istrinya, menjadi satu daging—bukan lagi dua tubuh tetapi satu. Karena Allah menciptakan persatuan organik antara kedua jenis kelamin ini, janganlah ada orang yang menodai ciptaan-Nya dengan memisahkan mereka."

Pengkhotbah 4:12
Pesan
12 Sendirian kamu tidak terlindungi.
Dengan seorang teman, kamu bisa menghadapi yang

terburuk. Bisakah kamu mengumpulkan orang ketiga? Tali tiga untai tidak mudah putus.

**6 pagi,** Bapa, apa yang telah Engkau satukan, jangan biarkan kekuatan neraka, kedagingan, atau budaya memisahkannya.

**Jam 9 pagi** saya mematahkan semangat perpecahan, pengkhianatan, jarak emosional, dan pelanggaran yang belum terselesaikan yang menyerang pernikahan.

**12 siang.** Biarlah kasih perjanjian, kebenaran, kesabaran, dan saling menghormati dipulihkan di rumah tangga yang sedang mengalami tekanan.

**Pukul 3 sore** Setiap suara asing yang bersaing dengan persatuan ilahi, dibungkamlah oleh kuasa Yesus Kristus.

**Jam 6 sore** , Tuhan, sembuhkan kepercayaan, perbaiki komunikasi, dan pulihkan kemitraan rohani antara suami dan istri.

**Pukul 9 malam,** saya menetapkan bahwa pernikahan akan menjadi altar kesepakatan dan penggerak takdir, bukan medan perang yang sia-sia.

**Pukul 12 tengah malam** Biarlah setiap rencana tersembunyi musuh terhadap rumah-rumah perjanjian diungkap dan digagalkan.

**Ya** Tuhan, kuatkanlah pernikahan dengan rahmat, kesucian, dan tali tiga helai yang tak dapat diputus.

# Hari ke-28 - Gunung Pemerintahan: Gerbang dan Kota

**Ayat-ayat Alkitab:** Kejadian 18:16-33; Amsal 29:2

Kejadian 18:16-33
Versi King James Baru
**Abraham Memohonkan Bantuan untuk Sodom**
[16] Kemudian orang-orang itu bangkit dari sana dan
memandang ke arah Sodom, dan Abraham pergi bersama
mereka untuk mengantar mereka pergi. [17] Lalu TUHAN
berkata, "Apakah Aku akan menyembunyikan dari Abraham
apa yang Aku lakukan, [18] karena Abraham pasti akan menjadi
bangsa yang besar dan perkasa, dan semua bangsa di bumi
akan diberkati di dalam dia? [19] Sebab Aku telah mengenal dia,
supaya ia memerintahkan anak-anaknya dan keluarganya
sesudah dia, agar mereka tetap mengikuti jalan TUHAN,
melakukan kebenaran dan keadilan, supaya TUHAN
mendatangkan kepada Abraham apa yang telah difirmankan-
Nya kepadanya." [20] Lalu TUHAN berkata, "Karena seruan
menentang Sodom dan Gomora sangat besar, dan karena
dosa mereka sangat berat, [21] Aku akan turun sekarang dan
melihat apakah mereka telah melakukan semuanya sesuai
dengan seruan menentang mereka yang telah sampai kepada-
Ku; dan jika tidak, Aku akan mengetahuinya."
[22] Kemudian orang-orang itu berpaling dari situ dan pergi
menuju Sodom, tetapi Abraham masih berdiri di hadapan
Tuhan. [23] Lalu Abraham mendekat dan berkata, "Apakah
Engkau juga akan membinasakan orang yang benar bersama-
sama dengan orang yang jahat? [24] Seandainya ada lima puluh
orang yang benar di dalam kota itu; apakah Engkau juga akan
membinasakan tempat itu dan tidak mengampuninya *karena*
lima puluh orang yang benar yang ada di dalamnya? [25]
Jauhkanlah kiranya dari Engkau melakukan hal seperti itu,

yaitu membunuh orang yang benar bersama-sama dengan
orang yang jahat, sehingga orang yang benar menjadi sama
seperti orang yang jahat; jauhkanlah kiranya dari Engkau!
Bukankah Hakim seluruh bumi akan melakukan yang benar?"
26 Maka firman TUHAN berbunyi, "Jika Aku menemukan
lima puluh orang benar di Sodom di dalam kota itu, maka
Aku akan mengampuni seluruh kota itu demi mereka."
27 Lalu Abraham menjawab dan berkata, "Sesungguhnya
sekarang, aku *yang tetapi* debu dan abu telah memberanikan
diri untuk berbicara kepada Tuhan: 28 Seandainya ada lima
orang kurang dari lima puluh orang yang benar; apakah
Engkau akan membinasakan seluruh kota karena *kekurangan*
lima orang?"
Maka Ia berkata, "Jika Aku mendapati empat puluh lima
orang di sana, Aku tidak akan menghancurkannya . "
29 Lalu ia berbicara lagi kepada-Nya dan berkata, "Bagaimana
jika ternyata ada empat puluh orang di sana?"
Maka Ia berkata, "Aku tidak akan melakukannya *demi* empat
puluh orang."
30 Lalu ia berkata, "Janganlah Tuhan murka, dan aku akan
berbicara: Bagaimana jika ada tiga puluh orang ditemukan di
sana?"
Maka Ia berkata, "Aku tidak akan melakukannya *jika* Aku
mendapati tiga puluh orang di sana."
31 Lalu ia berkata, "Sekarang, sesungguhnya aku telah
memberanikan diri untuk berbicara kepada Tuhan:
Bagaimana jika ada dua puluh orang di sana?"
Maka Dia berkata, "Aku tidak akan menghancurkannya *demi*
dua puluh orang itu."
32 Lalu ia berkata, "Janganlah Tuhan murka, dan aku akan
berbicara sekali lagi: Bagaimana jika ada sepuluh orang
ditemukan di sana?"
Lalu Ia berkata, "Aku tidak akan menghancurkannya *demi*
sepuluh orang." 33 Maka TUHAN pergi setelah selesai
berbicara dengan Abraham; dan Abraham kembali ke
tempatnya.

Amsal 29:2
Versi King James Baru
2 Apabila orang benar [a] berkuasa, rakyat bersukacita; tetapi apabila
*orang* jahat berkuasa, rakyat mengeluh.

Kejadian 18:16-33
Pesan
16 Ketika orang-orang itu bangkit untuk pergi, mereka berangkat menuju Sodom. Abraham berjalan bersama mereka untuk mengucapkan selamat tinggal.
17-19 Kemudian Allah berfirman, "Apakah Aku akan menahan dari Abraham apa yang akan Kulakukan? Abraham akan menjadi bangsa yang besar dan kuat; semua bangsa di dunia akan diberkati melalui dia. Ya, Aku telah menetapkan dia sebagai orang yang akan mendidik anak-anaknya dan keluarga masa depannya untuk mengikuti jalan hidup Allah, hidup dengan ramah, murah hati, dan adil, sehingga Allah dapat menggenapi janji-Nya kepada Abraham."
20-21 Allah melanjutkan, "Tangisan para korban di Sodom dan Gomora sangat memekakkan telinga; dosa kota-kota itu sangat besar. Aku akan turun untuk melihat sendiri, untuk melihat apakah perbuatan mereka seburuk kedengarannya. Maka Aku akan tahu."
22 Orang-orang itu berangkat menuju Sodom, tetapi Abraham menghalangi jalan Allah, menghalangi jalan-Nya.
23-25 Abraham menegur Dia, "Apakah engkau serius? Apakah engkau berencana untuk menyingkirkan orang-orang baik bersama dengan orang-orang jahat? Bagaimana jika masih ada lima puluh orang baik yang tersisa di kota ini; apakah engkau akan menyamakan orang baik dengan orang jahat dan menyingkirkan semuanya? Tidakkah engkau akan menyelamatkan kota ini demi lima puluh orang yang tidak bersalah itu? Aku tidak percaya engkau akan melakukan itu, membunuh orang baik dan orang jahat sama-sama seolah-olah tidak ada perbedaan di antara mereka. Bukankah Hakim seluruh bumi menghakimi dengan adil?"

26 Allah berfirman, "Jika Aku menemukan lima puluh orang
baik di kota Sodom, Aku akan menyelamatkan tempat itu
hanya untuk mereka."
27-28 Abraham menjawab, "Apakah aku, manusia biasa yang
terbuat dari segenggam tanah, berani membuka mulutku lagi
kepada Tuanku? Bagaimana jika lima puluh orang itu kurang
lima orang—apakah Engkau akan menghancurkan kota itu
karena lima orang yang kurang itu?"
Dia berkata, "Saya tidak akan menghancurkannya jika
jumlahnya ada empat puluh lima."
29 Abraham bertanya lagi, "Bagaimana jika kamu hanya
menemukan empat puluh orang?"
"Aku pun tidak akan menghancurkannya meskipun untuk
empat puluh orang."
30 Ia berkata, "Tuan, janganlah engkau marah kepadaku, tetapi
bagaimana jika hanya tiga puluh orang yang ditemukan?"
"Tidak, saya tidak akan melakukannya meskipun saya
menemukan tiga puluh orang."
31 Ia terus mendesak, "Aku tahu aku sedang menguji
kesabaranmu, Guru, tapi bagaimana kalau dua puluh kali?"
"Aku tidak akan menghancurkannya selama dua puluh
tahun."
32 Ia tidak mau menyerah, "Jangan marah, Guru—ini yang
terakhir kalinya. Bagaimana jika Anda hanya menemukan
sepuluh?"
"Demi sepuluh orang saja, aku tidak akan menghancurkan
kota ini."
33 Setelah Allah selesai berbicara dengan Abraham, Ia pergi.
Lalu Abraham pulang ke rumahnya.

Amsal 29:2
Pesan
2. Ketika orang baik memimpin, semua orang senang,
tetapi ketika penguasanya buruk, semua orang mengeluh.

**pukul 6 pagi** , kami berjuang untuk kota-kota kami seperti Abraham berdoa syafaat;

Selamatkan, sembuhkan, dan ubah komunitas yang ditandai untuk menerima belas kasihan.

**Jam 9 pagi:** Ketika orang-orang benar berkuasa, biarlah rakyat bersukacita; singkirkan pemerintahan yang menindas dan pemerintahan yang sinis.

**12 siang** Setiap perjanjian dengan pertumpahan darah, keserakahan, dan kejahatan teritorial di gerbang kota, hendaklah dipatahkan.

**3 sore,** Bapa, bangkitkanlah para penjaga gerbang yang saleh di dewan, kotamadya, dan struktur regional.

**Pukul 6 sore,** saya nyatakan bahwa kota-kota kita tidak akan diserahkan kepada kekerasan, korupsi, dan keruntuhan moral.

**Pukul 9 malam.** Semoga doa menguasai gerbang dan semoga kepemimpinan yang bijaksana muncul di tingkat lokal dan nasional.

**Pukul 12 tengah malam,** setiap klaim setan atas lingkungan, lembaga, dan wilayah strategis, dibatalkan.

**Jam 3 pagi** Ya Tuhan, ingatlah belas kasihan dalam penghakiman dan biarkan kota-kota mengalami kunjungan ilahi, bukan kehancuran.

# Hari ke-29 - Gunung Pendidikan: Pembebasan dari Tawanan Pikiran

**Ayat-ayat Alkitab:** 2 Korintus 10:4-5; Roma 12:2

2 Korintus 10:4-5
Versi King James Baru
4 Karena senjata peperangan kita *bukanlah* senjata duniawi,
melainkan senjata yang ampuh di dalam Allah untuk
meruntuhkan benteng-benteng, 5 menghancurkan argumen-
argumen dan segala sesuatu yang meninggikan diri melawan
pengetahuan Allah, dan menawan setiap pikiran untuk taat
kepada Kristus.

Roma 12:2
Versi King James Baru
2 Dan janganlah kamu menyesuaikan diri dengan dunia ini,
tetapi hendaklah kamu diubah oleh pembaharuan pikiranmu,
supaya kamu dapat membuktikan apa *kehendak* Allah yang
baik, yang berkenan, dan yang sempurna.

2 Korintus 10:4-6
Pesan
3-6 Dunia ini tidak berprinsip. Di luar sana, persaingan sangat
ketat! Dunia tidak bertarung secara adil. Tetapi kita tidak
hidup atau berjuang dalam pertempuran kita dengan cara
itu—tidak pernah dan tidak akan pernah. Alat-alat pekerjaan
kita bukanlah untuk pemasaran atau manipulasi, tetapi untuk
menghancurkan seluruh budaya yang sangat korup itu. Kita
menggunakan alat-alat Allah yang ampuh untuk
menghancurkan filosofi yang menyimpang, meruntuhkan
penghalang yang didirikan melawan kebenaran Allah,
menyesuaikan setiap pikiran, emosi, dan dorongan yang

longgar ke dalam struktur kehidupan yang dibentuk oleh Kristus. Alat-alat kita siap sedia untuk membersihkan lahan dari setiap halangan dan membangun kehidupan ketaatan menuju kedewasaan.

Roma 12:2
Pesan
**Serahkan Hidupmu kepada Tuhan**
**12** 1-2 Jadi, inilah yang ingin Kukatakan kepadamu, dengan pertolongan Tuhan: Ambillah kehidupanmu sehari-hari—tidur, makan, pergi bekerja, dan berjalan-jalan—dan persembahkanlah itu kepada Tuhan. Menerima apa yang Tuhan lakukan untukmu adalah hal terbaik yang dapat kamu lakukan untuk-Nya. Jangan sampai kamu terlalu menyesuaikan diri dengan budaya sehingga kamu masuk ke dalamnya tanpa berpikir. Sebaliknya, arahkan perhatianmu kepada Tuhan. Kamu akan diubah dari dalam ke luar. Segera kenali apa yang Dia inginkan darimu, dan segera tanggapilah. Tidak seperti budaya di sekitarmu yang selalu menyeretmu ke tingkat ketidakdewasaannya, Tuhan mengeluarkan yang terbaik dari dirimu, mengembangkan kedewasaan yang sempurna dalam dirimu.

**6 pagi,** Bapa, hancurkanlah benteng-benteng dalam pikiran, filsafat, dan pandangan dunia yang meninggikan diri melawan kebenaran-Mu.

**Pukul 9 pagi,** Aku menawan setiap ide pemberontak, argumen budaya, dan belenggu mental yang menolak ketaatan kepada Kristus.

**Pukul 12 siang.** Biarkan pembaharuan pikiran menyelimuti para siswa, guru, dan lembaga.

**Pukul 3 sore** Setiap kesombongan akademis yang mengejek Tuhan dan merusak daya penghakiman, hendaklah direndahkan di bawah cahaya ilahi.

**Jam 6 sore** , Tuhan, bebaskan pikiran dari trauma, kebingungan, godaan, dan penindasan intelektual.

**Pukul 9 malam,** saya menetapkan bahwa para pelajar Kristen harus berpikir jernih, berdasarkan Alkitab, dan berani.

**12 tengah malam.** Jadikan ruang kelas sebagai tempat di mana kebenaran membongkar tipu daya dan tujuan dibangkitkan.

**Jam 3 pagi** Ya Tuhan, kembalikan kendali atas pikiran generasi ini dan selaraskan mereka dengan hikmat-Mu.

# Hari ke-30 - Gunung Media: Pengungkapan Karya Tersembunyi

**Ayat-ayat Alkitab:** Efesus 5:11-14; Lukas 8:17

Efesus 5:11-14
Versi King James Baru
11 Dan janganlah kamu bersekutu dengan perbuatan-perbuatan
kegelapan yang tidak menghasilkan buah, tetapi sebaliknya [a]
singkapkanlah *perbuatan-perbuatan itu.* 12 Karena memalukan
untuk membicarakan hal-hal yang mereka lakukan secara
rahasia. 13 Tetapi segala sesuatu yang [b] tersingkap akan
dinyatakan oleh terang, sebab segala sesuatu yang menyatakan
adalah terang. 14 Karena itu Ia berfirman:
"Bangunlah, hai kamu yang tidur,
bangkitlah dari antara orang mati, dan Kristus akan memberi
kamu terang."

Lukas 8:17
Versi King James Baru
17 Sebab tidak ada sesuatu pun yang rahasia yang tidak akan dinyatakan, dan tidak *ada sesuatu pun* yang tersembunyi yang tidak akan diketahui dan terungkap.

Efesus 5:11-16
Pesan
11-16 Jangan sia-siakan waktumu untuk pekerjaan yang tidak berguna, pekerjaan yang hanya sekadar mengisi waktu, pengejaran kegelapan yang hampa. Singkapkanlah hal-hal itu sebagai tipu daya. Sungguh memalukan ketika orang-orang menyia-nyiakan hidup mereka untuk hal-hal yang harus mereka lakukan dalam kegelapan di mana tidak seorang pun

akan melihatnya. Singkapkanlah kedok penipuan itu dan lihatlah betapa menariknya mereka dalam terang Kristus.
Bangunlah dari tidurmu,
Keluarlah dari peti matimu; Kristus akan menunjukkan terang kepadamu!
Jadi berhati-hatilah. Gunakan akal sehatmu. Manfaatkan setiap kesempatan yang ada sebaik-baiknya. Ini adalah masa-masa yang genting!

Lukas 8:17-18
Pesan
**Orang-orang yang Pelit dengan Apa yang Anda Dengar**
16-18 "Tidak ada orang yang menyalakan lampu lalu menutupinya dengan baskom atau menyelipkannya di bawah tempat tidur. Tidak, kamu meletakkannya di atas kaki lampu agar orang yang masuk ke ruangan dapat melihat jalan mereka. Kita tidak menyimpan rahasia; kita mengungkapkannya. Kita tidak menyembunyikan sesuatu; kita membawa *semuanya* ke tempat terbuka. Karena itu berhati-hatilah agar kamu tidak menjadi kikir terhadap apa yang kamu dengar. Kemurahan hati melahirkan kemurahan hati. Kekikiran memiskinkan."

**6 pagi,** Bapa, biarlah pekerjaan kegelapan yang tersembunyi dalam sistem komunikasi tersingkap oleh terang-Mu.

**Pukul 9 pagi** saya nyatakan bahwa tidak ada hal yang disembunyikan untuk memanipulasi massa yang akan tetap tersembunyi selamanya.

**Pukul 12 siang.** Setiap aliansi rahasia yang menghasilkan disinformasi, hasutan, dan korupsi, harus diungkap.

**pukul 3 sore** , bangkitkan para pelapor, penyebar kebenaran, dan para reformis dengan keberanian dan perlindungan.

**Pukul 6 sore** Biarlah apa yang telah dirancang dalam kegelapan untuk membingungkan, mengendalikan, dan merusak diseret ke pengadilan terbuka.

**Pukul 9 malam,** saya menolak rasa takut kepada manusia dan berdoa memohon kejelasan suci dalam menghadapi tipu daya yang kompleks.

**Pukul 12 tengah malam.** Biarlah sistem media diguncang sampai kebenaran dapat bernapas dan keadilan dapat didengar.

**Jam 3 pagi** Ya Tuhan, bangkitlah sebagai penyingkap rahasia dan singkapkan setiap pekerjaan tersembunyi yang menentang kerajaan-Mu.

# Hari ke-31 - Gunung Bisnis: Mengatasi Hambatan untuk Meningkatkan

**Ayat Suci:** Kejadian 50:20; Ayub 5:12

Kejadian 50:20
Versi King James Baru
20 Tetapi mengenai kamu, kamu bermaksud jahat terhadapku; *tetapi* Allah bermaksud baik, untuk mewujudkannya seperti *yang terjadi pada* hari ini, untuk menyelamatkan banyak orang.

Ayub 5:12
Versi King James Baru
12 Ia menggagalkan rencana orang-orang licik,
sehingga tangan mereka tidak dapat melaksanakan rencana mereka.

Kejadian 50:20-21
Pesan
19-21 Yusuf menjawab, "Jangan takut. Apakah aku bertindak untuk Allah? Tidakkah kalian lihat, kalian merencanakan kejahatan terhadapku, tetapi Allah menggunakan rencana yang sama itu untuk kebaikanku, seperti yang kalian lihat di sekeliling kalian sekarang—kehidupan bagi banyak orang. Tenanglah, kalian tidak perlu takut; aku akan menjaga kalian dan anak-anak kalian." Ia meyakinkan mereka, berbicara dengan mereka dari hati ke hati.

Ayub 5:12-16
Pesan
**Betapa Berkahnya Ketika Tuhan Mengoreksi Kita!**
8-16 "Jika aku berada di posisimu, aku akan langsung pergi kepada Allah,

aku akan menyerahkan diriku pada belas kasihan Allah. Lagipula, Dia terkenal dengan perbuatan-perbuatan-Nya yang besar dan tak terduga; kejutan-Nya tak ada habisnya. Misalnya, Dia menurunkan hujan di seluruh bumi, mengirimkan air untuk mengairi ladang.
Dia mengangkat orang-orang yang tertindas, memberi pijakan yang kokoh kepada mereka yang tenggelam dalam kesedihan. Dia menggagalkan rencana-rencana para penjahat yang licik, sehingga tidak satu pun dari rencana mereka berhasil. Dia menangkap orang-orang yang sok tahu dalam konspirasi mereka—semua intrik rumit itu tersapu bersama sampah! Tiba-tiba mereka kehilangan arah, terjerumus ke dalam kegelapan; mereka tidak dapat melihat untuk melangkah. Tetapi orang-orang yang tertindas diselamatkan oleh Allah, diselamatkan dari rencana-rencana pembunuhan, diselamatkan dari tangan besi. Dan karena itu orang miskin terus berharap, sementara ketidakadilan diikat dan dibungkam.

**6 pagi,** Bapa, apa pun yang musuh maksudkan sebagai kejahatan dalam hal keuangan, usaha, dan perbekalan, ubahlah itu menjadi kebaikan bagi kerajaan-Nya.

**Jam 9 pagi.** Gagalkan rencana orang-orang licik agar tangan mereka tidak dapat melaksanakan usaha mereka melawan kita.

**Pukul 12 siang** Setiap semangat perlawanan yang ditempatkan di gerbang kemajuan, singkirkanlah dengan api Tuhan.

**Pukul 3 sore** saya menghentikan penundaan, sabotase, pelaporan yang jahat, tuduhan palsu, dan oposisi terselubung terhadap buruh yang berintegritas.

**Ya** Tuhan, berikanlah kepada umat-Mu kemurahan yang membungkam suara-suara permusuhan dan membuka pintu-pintu strategis.

**Pukul 9 malam,** saya nyatakan kemakmuran di tengah permusuhan dan kemajuan dalam menghadapi perlawanan.

**Pukul 12 tengah malam,** biarlah dukungan tersembunyi, sekutu ilahi, dan peluang yang sah muncul tiba-tiba untuk kemajuan kerajaan.

**Ya** Tuhan, ubahlah setiap perlawanan terorganisir menjadi kesaksian akan kesetiaan dan kuasa-Mu.

# Hari ke-32 - Gunung Seni: Menghancurkan Rayuan dan Pemujaan Berhala

**Ayat Suci:** Mazmur 69:22-28; 1 Yohanes 5:21

Mazmur 69:22-28
Versi King James Baru
22 Biarlah meja mereka menjadi jerat di hadapan mereka,
dan kesejahteraan mereka menjadi perangkap.
23 Biarlah mata mereka menjadi gelap, sehingga mereka tidak melihat;
dan biarlah pinggang mereka gemetar terus-menerus.
24 Curahkanlah murka-Mu atas mereka,
dan biarlah amarah-Mu yang dahsyat menimpa mereka.
25 Biarlah tempat kediaman mereka menjadi sunyi;
janganlah ada seorang pun yang tinggal di kemah mereka.
26 Karena mereka menganiaya orang *-orang yang* telah Engkau pukul,
dan membicarakan kesedihan orang-orang yang telah Engkau lukai.
27 Tambahkanlah kejahatan kepada kejahatan mereka,
dan janganlah mereka masuk ke dalam kebenaran-Mu.
28 Biarlah nama mereka dihapus dari kitab orang hidup,
dan janganlah nama mereka ditulis bersama orang-orang yang benar.

1 Yohanes 5:21
Versi King James Baru
21 Anak-anak kecil, jauhilah berhala-berhala. Amin.

Mazmur 69:22-28
Pesan

[22] Biarlah makan malam mereka menjadi umpan dalam perangkap yang menutup rapat;
Semoga sahabat terbaik mereka adalah para pemburu yang akan menguliti mereka hidup-hidup.
[23] Jadikan mereka buta seperti kelelawar,
Gemetarlah mereka dari pagi sampai malam.
[24.] Beritahukan kepada mereka apa yang kau pikirkan tentang mereka,
luapkan amarahmu yang membara kepada mereka.
[25] Bakarlah rumah-rumah mereka,
Tinggalkanlah tempat itu menjadi sunyi tanpa seorang pun di rumah.
[26] Mereka bergosip tentang orang yang kamu hukum,
mengarang cerita tentang siapa pun yang dilukai oleh Allah.
[27.] Tumpuk rasa bersalah,
jangan biarkan mereka lolos begitu saja.
[28] Hapus nama mereka dari daftar orang hidup;
Tidak ada kehormatan yang terukir di batu bagi mereka di antara orang-orang benar.

1 Yohanes 5:21
Pesan
[18-21] Kita tahu bahwa tidak seorang pun dari orang-orang yang lahir dari Allah melakukan dosa—dosa yang fatal. Orang-orang yang lahir dari Allah juga dilindungi oleh Allah. Si Jahat tidak dapat menyentuh mereka. Kita tahu bahwa kita dipegang teguh oleh Allah; hanya orang-orang dunia yang terus berada dalam cengkeraman Si Jahat. Dan kita tahu bahwa Anak Allah datang agar kita dapat mengenali dan memahami kebenaran Allah—sungguh suatu karunia!—dan kita hidup dalam Kebenaran itu sendiri, dalam Anak Allah, Yesus Kristus. Yesus ini adalah Allah yang Sejati dan Kehidupan yang Nyata. Anak-anakku yang terkasih, waspadalah terhadap semua tiruan yang cerdas.

**6 pagi,** Bapa, hancurkan setiap meja rayuan dan setiap jebakan yang dipasang melalui budaya untuk menjebak hati.

**Jam 9 pagi** saya menolak berhala-berhala ketenaran, kesombongan, sensualitas, dan pengagungan diri yang mendominasi ruang-ruang kreatif.

**Pukul 12 siang.** Biarkan pesona, daya tarik terhadap kegelapan, dan nafsu akan korupsi kehilangan kekuasaan atas massa.

**Pukul 3 sore,** setiap altar pemujaan berhala yang mengalihkan penyembahan dari Tuhan, harus dibongkar.

**Jam 6 sore** Tuhan, selamatkan para seniman dan penonton dari belenggu persetujuan, keserakahan, dan kebutaan rohani.

**Pukul 9 malam,** saya nyatakan bahwa kutukan mati rasa moral atas budaya dipatahkan oleh terang Kristus.

**Pukul 12 tengah malam,** biarlah keyakinan suci mengunjungi teater, studio, panggung, dan aliran sungai tempat kegelapan telah dirayakan.

**Tuhan** , ambillah kembali imajinasi dari berhala-berhala dan arahkan keinginan menuju kebenaran, keindahan, dan penyembahan.

# Hari ke-33 - Belas Kasih dan Pemulihan Perjanjian Nasional

**Ayat-ayat Alkitab:** Daniel 9:1-19; 2 Tawarikh 7:13-16

Daniel 9:1-19
Versi King James Baru
**Doa Daniel untuk Umat**
**9** Pada tahun pertama pemerintahan Darius, putra Ahasuerus,
dari keturunan Media, yang diangkat menjadi raja atas
kerajaan Kasdim— 2 pada tahun pertama pemerintahannya,
aku, Daniel, mengerti melalui kitab-kitab itu jumlah tahun
*yang ditentukan* oleh firman Tuhan melalui nabi Yeremia,
bahwa Ia akan menggenapi tujuh puluh tahun dalam
kehancuran Yerusalem.
3 Lalu aku menghadapkan wajahku ke arah Tuhan Allah untuk
memohon dengan doa dan permohonan, dengan berpuasa,
mengenakan kain karung, dan abu. 4 Lalu aku berdoa kepada
Tuhan Allahku, dan mengaku, dan berkata, "Ya Tuhan, Allah
yang besar dan dahsyat, yang memelihara perjanjian dan kasih
setia-Nya kepada orang-orang yang mengasihi Dia, dan
kepada orang-orang yang menaati perintah-Nya, 5 kami telah
berdosa dan berbuat jahat, kami telah berbuat keji dan
memberontak, bahkan dengan menyimpang dari perintah-
perintah-Mu dan hukum-hukum-Mu. 6 Kami juga tidak
mengindahkan hamba-hamba-Mu, para nabi, yang berbicara
dalam nama-Mu kepada raja-raja dan para pangeran kami,
kepada nenek moyang kami dan seluruh penduduk negeri. 7
Ya Tuhan, kebenaran *adalah milik* -Mu, tetapi bagi kami
adalah kehinaan, seperti *yang terjadi* pada hari ini—bagi orang-
orang Yehuda, bagi penduduk Yerusalem dan seluruh Israel,
baik yang dekat maupun yang jauh di semua negeri tempat
Engkau mengusir mereka, karena ketidaksetiaan yang telah
mereka lakukan terhadap-Mu.

8 "Ya Tuhan, kepada kamilah *segala* kehinaan, kepada raja-raja
kami, kepada para pangeran kami, dan kepada bapa-bapa
kami, karena kami telah berdosa terhadap Engkau. 9 Kepada
Tuhan Allah *kamilah* segala kemurahan dan pengampunan,
meskipun kami telah memberontak terhadap Dia. 10 Kami
tidak taat kepada suara Tuhan Allah kami, untuk berjalan
dalam hukum-hukum-Nya, yang telah ditetapkan-Nya kepada
kami melalui hamba-hamba-Nya, para nabi. 11 Ya, seluruh
Israel telah melanggar hukum-Mu, dan telah menyimpang
sehingga tidak taat kepada suara-Mu; oleh karena itu kutukan
dan sumpah yang tertulis dalam Hukum Musa, hamba Allah,
telah dicurahkan kepada kami, karena kami telah berdosa
terhadap Dia. 12 Dan Dia telah meneguhkan firman-Nya, yang
telah diucapkan-Nya terhadap kami dan terhadap hakim-
hakim kami yang menghakimi kami, dengan mendatangkan
malapetaka besar atas kami; karena di seluruh langit belum
pernah terjadi hal seperti yang telah terjadi pada Yerusalem.
13 "Seperti *yang* tertulis dalam Hukum Musa, semua
malapetaka ini telah menimpa kita; namun kita belum berdoa
kepada Tuhan Allah kita, supaya kita berbalik dari kejahatan
kita dan mengerti kebenaran-Mu. 14 Karena itu Tuhan telah
mengingat malapetaka itu dan mendatangkannya kepada kita;
sebab Tuhan Allah kita *adil* dalam segala perbuatan yang
dilakukan-Nya, meskipun kita tidak taat kepada suara-Nya. 15
Dan sekarang, ya Tuhan Allah kami, yang telah membawa
umat-Mu keluar dari tanah Mesir dengan tangan yang perkasa
dan telah memuliakan diri-Mu, seperti *yang terjadi* pada hari
ini—kami telah berdosa, kami telah berbuat jahat!
16 "Ya Tuhan, sesuai dengan segala kebenaran-Mu, aku
berdoa, kiranya murka dan amarah-Mu dijauhkan dari kota
Yerusalem, gunung suci -Mu ; karena dosa-dosa kami dan
kejahatan nenek moyang kami, Yerusalem dan umat-Mu
*menjadi* celaan bagi semua *orang* di sekitar kami. 17 Karena itu,
ya Allah kami, dengarlah doa hamba-Mu dan
permohonannya, dan demi Tuhan, [a] biarlah wajah-Mu
bersinar atas [b] tempat kudus-Mu yang sunyi. 18 Ya Allahku,
condongkan telinga-Mu dan dengarlah; bukalah mata-Mu dan

lihatlah kehancuran kami dan kota yang disebut dengan
nama-Mu; karena kami tidak menyampaikan permohonan
kami di hadapan-Mu karena perbuatan-perbuatan benar kami,
tetapi karena belas kasihan-Mu yang besar.
19 Ya Tuhan,
dengarlah! Ya Tuhan, ampunilah! Ya Tuhan, dengarkan dan
bertindaklah! Janganlah menunda demi diri-Mu sendiri, ya
Allahku, karena kota-Mu dan umat-Mu disebut dengan nama-
Mu."

2 Tawarikh 7:13-16
Versi King James Baru
13 Apabila Aku menutup langit sehingga tidak ada hujan, atau
memerintahkan belalang untuk melahap tanah, atau
mengirimkan wabah penyakit di antara umat-Ku,
14 jika umat-
Ku yang disebut dengan nama-Ku merendahkan diri, berdoa,
mencari wajah-Ku, dan berbalik dari jalan-jalan mereka yang
jahat, maka Aku akan mendengar dari surga, dan akan
mengampuni dosa mereka dan menyembuhkan tanah mereka.
15 Sekarang mata-Ku akan terbuka dan telinga-Ku akan
memperhatikan doa *yang dipanjatkan* di tempat ini.
16 Karena
sekarang Aku telah memilih dan menguduskan rumah ini, supaya
nama-Ku ada di sana untuk selama-lamanya; dan mata - Ku dan hati
- Ku akan selalu ada di sana.

Daniel 9:1-19
Pesan
**Komitmen Perjanjian Allah**
**9** 1-4 "Darius, putra Ahasuerus, yang lahir sebagai orang Media,
menjadi raja atas negeri Babel. Pada tahun pertama
pemerintahannya, aku, Daniel, merenungkan Kitab Suci yang,
menurut Firman Allah kepada nabi Yeremia, memberikan
jumlah tahun Yerusalem harus tetap berada dalam
reruntuhan, yaitu tujuh puluh tahun. Aku berpaling kepada
Tuhan Allah, memohon jawaban—berdoa dengan sungguh-
sungguh, berpuasa dari makan, mengenakan kain goni kasar
sebagai tanda pertobatan, dan berlutut di atas abu. Aku

mencurahkan isi hatiku, menyingkapkan jiwaku kepada Allah, Allahku:

4-8 "'Ya Tuhan, Allah yang agung dan mulia. Engkau tidak pernah goyah dalam komitmen perjanjian-Mu, tidak pernah menyerah pada mereka yang mengasihi-Mu dan melakukan apa yang Engkau firmankan. Namun kami telah berdosa dalam segala hal yang dapat dibayangkan. Kami telah melakukan hal-hal jahat, memberontak, menghindar dan mengambil jalan memutar di sekitar jalan-jalan-Mu yang telah ditandai dengan jelas. Kami telah menutup telinga hamba-hamba-Mu, para nabi, yang memberitakan Firman-Mu kepada raja-raja dan pemimpin-pemimpin kami, orang tua kami, dan seluruh rakyat di negeri ini. Engkau telah melakukan segala sesuatu dengan benar, Tuhan, tetapi yang kami miliki hanyalah rasa bersalah dan malu, kami semua—orang-orang Yehuda, warga Yerusalem, Israel di tanah air dan Israel di pengasingan di semua tempat kami diasingkan karena pengkhianatan kami terhadap-Mu. Oh ya, Allah, kami telah terekspos dalam rasa malu kami, kami semua—raja-raja kami, pemimpin-pemimpin kami, orang tua kami—di hadapan seluruh dunia. Dan memang pantas demikian, karena dosa kami.

9-12 "'Kasih sayang adalah satu-satunya harapan kami, kasih sayang-Mu, Tuhan, Allah kami, karena dalam pemberontakan kami, kami telah kehilangan hak-hak kami. Kami tidak memperhatikan-Mu ketika Engkau memberi tahu kami bagaimana hidup, ajaran yang jelas yang datang melalui hamba-hamba-Mu, para nabi. Kami semua di Israel mengabaikan apa yang Engkau katakan. Kami menentang perintah-Mu dan melakukan apa yang kami kehendaki. Dan sekarang kami menanggung akibatnya: Kutukan dahsyat yang tertulis dengan jelas dalam wahyu kepada hamba Allah Musa sekarang sedang bekerja di antara kami, upah dosa kami terhadap-Mu. Engkau melakukan kepada kami dan para penguasa kami apa yang telah Engkau katakan akan Engkau lakukan: Engkau mendatangkan bencana dahsyat ini kepada

kami, bencana terburuk yang pernah tercatat—dan di Yerusalem!
13-14 "'Seperti yang tertulis dalam wahyu Allah kepada Musa, malapetaka itu bersifat total. Tidak ada yang ditahan. Kami terus berbuat dosa, tidak pernah memikirkan-Mu, mengabaikan peringatan-Mu yang jelas, sehingga Engkau tidak punya pilihan selain melepaskan malapetaka itu kepada kami dengan kekuatan penuh. Engkau, Allah kami, memiliki hak penuh untuk melakukan ini karena kami terus-menerus dan dengan keras kepala mengabaikan-Mu.
15-17 "'Tuhan, Engkau adalah Allah kami, karena Engkau telah membebaskan umat-Mu dari tanah Mesir dengan kuasa yang dahsyat—orang-orang masih membicarakannya! Kami mengaku bahwa kami telah berdosa, bahwa kami telah menjalani hidup yang buruk. Mengikuti apa yang selalu Engkau lakukan dalam memperbaiki keadaan, memperbaiki *orang*, mohon hentikan kemarahan-Mu terhadap Yerusalem, kota-Mu sendiri, gunung suci-Mu. Kami tahu ini adalah kesalahan kami, semua karena dosa-dosa kami dan dosa-dosa orang tua kami, dan sekarang kami menjadi aib bagi semua orang di sekitar kami. Kami adalah noda di lingkungan ini. Jadi dengarkanlah, ya Allah, doa yang teguh dari hamba-Mu ini. Kasihanilah Bait Suci-Mu yang telah hancur. Bertindaklah sesuai dengan siapa Engkau, bukan sesuai dengan siapa kami.
18 "'Sudutkan telinga-Mu kepada kami, ya Allah, dan dengarkanlah. Bukalah mata-Mu dan pandanglah lama-lama kota kami yang hancur ini, kota yang dinamai menurut nama-Mu. Kami tahu bahwa kami tidak pantas didengarkan oleh-Mu. Permohonan kami adalah kepada belas kasihan-Mu. Doa ini adalah harapan terakhir dan satu-satunya kami:
19 " 'Guru, dengarkan kami!
Guru, ampuni kami! Guru, lihatlah kami dan lakukan sesuatu! Guru, jangan abaikan kami! Kota dan rakyat-Mu dinamai menurut nama-Mu: Engkau memiliki kepentingan dalam diri kami!'

2 Tawarikh 7:13-18

Pesan

12-18 Pada malam itu juga Allah menampakkan diri kepada Salomo dan berkata, "Aku menerima doamu; ya, Aku telah memilih tempat ini sebagai bait untuk persembahan, rumah ibadah. Jika Aku menghentikan curah hujan dari langit atau memerintahkan belalang untuk memakan tanaman atau mengirimkan wabah penyakit kepada umat-Ku, dan umat-Ku, umat-Ku yang telah ditetapkan Allah, menanggapi dengan merendahkan diri, berdoa, mencari hadirat-Ku, dan meninggalkan kehidupan mereka yang jahat, Aku akan ada di sana siap sedia bagimu: Aku akan mendengarkan dari surga, mengampuni dosa-dosa mereka, dan memulihkan tanah mereka. Mulai sekarang Aku waspada siang dan malam terhadap doa-doa yang dipanjatkan di tempat ini. Percayalah kepada-Ku, Aku telah memilih dan menguduskan Bait Suci yang telah engkau bangun ini: Nama-Ku terukir di atasnya selamanya; mata-Ku tertuju padanya dan hati-Ku selalu ada di dalamnya. Adapun engkau, jika engkau hidup di hadirat-Ku seperti ayahmu Daud hidup, murni dalam hati dan perbuatan, menjalani hidup yang telah Kutetapkan bagimu, taat dengan penuh perhatian kepada bimbingan dan penghakiman-Ku, maka Aku akan mendukung pemerintahanmu sebagai raja atas Israel—menjadikan Ini adalah kepastian di atas dasar yang kokoh. Jaminan perjanjian yang sama yang Kuberikan kepada Daud ayahmu, Kuberikan kepadamu, yaitu, 'Kamu dapat yakin akan selalu memiliki keturunan di atas takhta Israel.'

**6 pagi** Tuhan, kami mengakui dosa nasional, pemberontakan kolektif, dan kesombongan bersama; kami memohon belas kasihan-Mu yang besar.

**Jam 9 pagi.** Kami menyampaikan permohonan kami bukan karena kebenaran kami, tetapi karena belas kasihan-Mu.

**12 siang** Biarlah rasa malu diubah menjadi pertobatan dan pertobatan diubah menjadi pemulihan di negeri kita.

**Pukul 3 sore,** setiap perjanjian dengan ketidakadilan, pertumpahan darah, penyembahan berhala, dan korupsi, hendaknya dipatahkan oleh rahmat ilahi.

**6 sore** Bapa, dengarlah, ampunilah, perhatikanlah, dan berbuatlah; janganlah menunda demi nama-Mu.

**Pukul 9 malam,** saya nyatakan bahwa tempat-tempat yang sunyi akan diingat oleh Tuhan dan dibangun kembali oleh kasih karunia-Nya.

**Pukul 12 tengah malam.** Biarlah kekeringan rohani, keruntuhan sosial, dan kehancuran moral memberi jalan bagi penyembuhan dan reformasi.

**Tuhan** , ingatlah umat-Mu, peliharalah kesaksian-Mu, dan hidupkan kembali negeri kami demi nama-Mu yang agung.

# Hari ke-34 - Penginjilan dan Perjumpaan bagi Orang-orang yang Tidak Percaya

**Ayat Suci:** Lukas 2:32; Yohanes 16:8

Lukas 2:32
Versi King James Baru
32 Terang untuk *memberitakan* kepada bangsa-bangsa bukan Yahudi,
dan kemuliaan umat-Mu Israel."

Yohanes 16:8
Versi King James Baru
8 Dan ketika Ia datang, Ia akan menginsafkan dunia akan dosa, kebenaran, dan penghakiman:

Lukas 2:32
Pesan
25-32 Pada waktu itu di Yerusalem ada seorang bernama Simeon, seorang yang baik, seorang yang hidup dalam pengharapan akan pertolongan bagi Israel dengan penuh doa. Dan Roh Kudus ada padanya. Roh Kudus telah menunjukkan kepadanya bahwa ia akan melihat Mesias Allah sebelum ia mati. Dipimpin oleh Roh, ia masuk ke Bait Suci. Ketika orang tua anak Yesus membawanya masuk untuk melaksanakan ritual Hukum Taurat, Simeon mengambil Dia ke dalam pelukannya dan memuji Allah:
Ya Tuhan, Engkau sekarang dapat membebaskan hamba-Mu; bebaskan aku dalam damai seperti yang telah Engkau janjikan. Dengan mata kepala sendiri aku telah melihat keselamatan-Mu; kini keselamatan itu tampak jelas bagi semua orang: terang yang menyatakan Allah kepada bangsa-bangsa non-Yahudi, dan kemuliaan bagi umat-Mu Israel.

Yohanes 16:8-11
Pesan
8-11 "Ketika Ia datang, Ia akan menyingkapkan kesalahan pandangan dunia yang tidak beriman tentang dosa, kebenaran, dan penghakiman: Ia akan menunjukkan kepada mereka bahwa penolakan mereka untuk percaya kepada-Ku adalah dosa pokok mereka; bahwa kebenaran datang dari atas, di mana Aku bersama Bapa , di luar pandangan dan kendali mereka; bahwa penghakiman terjadi ketika penguasa dunia yang tidak beriman ini dibawa ke pengadilan dan dinyatakan bersalah.

**6 pagi,** Bapa, biarlah terang Kristus menerobos kegelapan ketidakpercayaan, ketidakpedulian, dan penolakan yang keras.

**Jam 9 pagi:** Yakinkan hati akan dosa, kebenaran, dan penghakiman, serta singkirkan selubung dari pikiran yang dibutakan.

**Pukul 12 siang** saya berdoa memohon perjumpaan ilahi, mimpi, kunjungan, dan wahyu yang tak terbantahkan tentang Yesus Kristus.

**Pukul 3 sore,** semoga setiap tabir yang menutupi keluarga, komunitas, dan orang-orang yang belum beriman, terkoyaklah oleh rahmat Allah.

**Jam 6 sore** Tuhan, ganggu kedamaian semu dan pemberontakan yang nyaman dengan keyakinan kudus yang menuntun kepada keselamatan.

**Jam 9 malam** Biarlah orang-orang yang mencari menemukan-Mu, orang-orang yang mencemooh ditangkap oleh kebenaran, dan anak-anak yang sesat ditarik kembali ke rumah mereka.

**12 tengah malam,** bangkitkan para saksi yang dipenuhi dengan belas kasih, kejelasan, dan kuasa untuk memberitakan Kristus secara efektif.

**Jam 3 pagi,** Ya Tuhan, berikanlah perjumpaan yang mengubah musuh menjadi duta dan orang-orang skeptis menjadi penyembah.

# Hari ke-35 - Peperangan Pribadi dan Pengudusan

**Ayat-ayat Alkitab:** Efesus 6:10-18; Mazmur 139:23-24

Efesus 6:10-18
Pesan
**Pertarungan Sampai Akhir**
10-12 Dan begitulah kira-kira kesimpulannya. Tuhan itu kuat, dan Dia ingin kamu kuat. Jadi ambillah segala sesuatu yang telah Tuhan siapkan untukmu, senjata-senjata yang dibuat dengan baik dari bahan-bahan terbaik. Dan gunakanlah senjata-senjata itu agar kamu mampu menghadapi segala sesuatu yang Iblis lemparkan kepadamu. Ini bukan perang akhir pekan yang akan kita tinggalkan dan lupakan dalam beberapa jam. Ini adalah pertarungan hidup dan mati sampai akhir melawan Iblis dan semua malaikatnya.
13-18 Bersiaplah. Kalian menghadapi jauh lebih banyak daripada yang dapat kalian tangani sendiri. Ambillah semua bantuan yang dapat kalian peroleh, setiap senjata yang telah Allah berikan, sehingga ketika semuanya berakhir, kalian masih tetap berdiri tegak. Kebenaran, keadilan, damai sejahtera, iman, dan keselamatan lebih dari sekadar kata-kata. Belajarlah bagaimana menerapkannya. Kalian akan membutuhkannya sepanjang hidup kalian. Firman Allah adalah senjata *yang sangat diperlukan* . Demikian juga, doa sangat penting dalam peperangan yang berkelanjutan ini. Berdoalah dengan sungguh-sungguh dan lama. Berdoalah untuk saudara-saudari kalian. Tetaplah waspada. Saling menguatkan semangat agar tidak ada yang tertinggal atau menyerah.

Mazmur 139:23-24
Pesan

[23-24] Selidiki hidupku, ya Allah,
temukan segala sesuatu tentangku; periksalah dan ujilah aku,
dapatkan gambaran yang jelas tentang diriku;
lihatlah sendiri apakah aku telah berbuat salah—
lalu bimbinglah aku di jalan menuju hidup yang kekal.

Efesus 6:10-18
Versi King James Baru
**Seluruh Perlengkapan Senjata Allah**
[10] Akhirnya, saudara-saudaraku, jadilah kuat di dalam Tuhan
dan dalam kuasa kekuatan-Nya. [11] Kenakanlah seluruh
perlengkapan senjata Allah, supaya kamu dapat berdiri teguh
melawan tipu daya iblis. **12 Karena perjuangan kita bukanlah melawan darah** dan
daging, melainkan melawan penguasa-penguasa, melawan
kekuatan-kekuatan, melawan penguasa-penguasa kegelapan zaman
ini, melawan roh- *roh* jahat di tempat *-tempat surgawi.* [13] Karena itu,
kenakanlah seluruh perlengkapan senjata Allah, supaya kamu
dapat bertahan dalam hari yang jahat, dan sesudah melakukan
semuanya itu, kamu tetap berdiri teguh.
[14] Karena itu, berdirilah teguh, dengan mengenakan ikat
pinggang kebenaran, mengenakan baju zirah kebenaran, [15] dan
mengenakan alas kaki yang siap untuk memberitakan Injil
damai; [16] dan di atas semuanya, kenakanlah perisai iman, yang
dengannya kamu dapat memadamkan segala panah api si
jahat. [17] Dan kenakanlah helm keselamatan dan pedang Roh,
yaitu firman Allah; [18] berdoalah selalu dengan segala doa dan
permohonan dalam Roh, berjaga-jagalah dengan segala
ketekunan dan permohonan untuk semua orang kudus.

Mazmur 139:23-24
Versi King James Baru
[23] Periksalah aku, ya Allah, dan ketahuilah hatiku;
ujilah aku, dan ketahuilah kekhawatiran-kekhawatiranku;
[24] dan lihatlah apakah *ada* jalan yang jahat dalam diriku,
dan tuntunlah aku ke jalan yang kekal.

**pukul 6 pagi** , selidiki aku, ujilah aku, dan singkapkan segala sesuatu dalam diriku yang memberi musuh pijakan yang sah.

**Pukul 9 pagi** aku mengenakan seluruh perlengkapan senjata Allah dan menolak setiap kompromi yang melemahkan otoritas rohani.

**Pukul 12 siang,** setiap persekutuan batin dengan rasa takut, kesombongan, nafsu, kepahitan, dan ketidakpercayaan, putuskanlah sekarang juga.

**Pukul 3 sore** Biarlah motif tersembunyi, nafsu yang tercemar, dan luka yang belum sembuh berada di bawah kekuasaan Kristus.

**6 sore** Bapa, sucikan ucapanku, atur pikiranku, dan tata keinginanku untuk berperang dan untuk beribadah.

**Pukul 9 malam,** saya menetapkan bahwa saya tidak akan kalah dalam pertempuran pribadi dan akan berusaha memenangkannya di depan umum.

**Jam 12 malam** Biarlah hidupku menjadi pintu yang tertutup bagi kegelapan dan pintu yang terbuka bagi Roh Kudus.

**Jam 3 pagi** Ya Tuhan, sucikanlah aku sepenuhnya dan jadikanlah aku bejana yang bersih untuk permohonan strategis.

# Hari ke-36 - Jaga Tengah Malam Melawan Perlawanan

**Ayat-ayat Alkitab:** Nehemia 4:9,13; Matius 26:41

Nehemia 4:9
Versi King James Baru
9 Meskipun demikian, kami berdoa kepada Allah kami, dan karena mereka, kami berjaga-jaga melawan mereka siang dan malam.

Nehemia 4:13
Versi King James Baru
13 Oleh karena itu, aku menempatkan *orang-orang* di belakang bagian bawah tembok, di celah-celahnya; dan aku mengatur orang-orang menurut keluarga mereka, dengan pedang, tombak, dan busur mereka.

Matius 26:41
Versi King James Baru
41 Berjaga-jagalah dan berdoalah, supaya kamu jangan jatuh ke dalam pencobaan. Roh memang *rela* , tetapi daging *lemah* ."

Nehemia 4:9
Pesan
7-9 Ketika Sanbalat, Tobia , orang-orang Arab, orang-orang Amon, dan orang- orang Asdod mendengar bahwa perbaikan tembok Yerusalem berjalan dengan baik—bahwa kerusakan pada tembok sedang diperbaiki—mereka sangat marah. Mereka berunding dan memutuskan untuk melawan Yerusalem dan menimbulkan masalah sebanyak mungkin. Kami membalasnya dengan doa kepada Allah kami dan menempatkan penjaga sepanjang waktu untuk melawan mereka.

Nehemia 4:13-14
Pesan
13-14 Maka aku menempatkan penjaga bersenjata di tempat-tempat paling rentan di tembok dan menugaskan orang-orang menurut keluarga mereka dengan pedang, tombak, dan busur mereka. Setelah mengamati keadaan, aku berdiri dan berbicara kepada para bangsawan, pejabat, dan semua orang lain: "Jangan takut kepada mereka. Pusatkan pikiranmu pada Sang Guru, yang agung dan dahsyat, lalu berjuanglah untuk saudara-saudaramu, putra-putramu, putri-putrimu, istri-istrimu, dan rumah-rumahmu."

Matius 26:41
Pesan
40-41 Ketika Ia kembali kepada murid-murid-Nya, Ia mendapati mereka tertidur lelap. Ia berkata kepada Petrus, "Tidak dapatkah engkau bertahan satu jam saja bersama-Ku? Berjaga-jagalah dan berdoalah supaya engkau tidak tersesat ke dalam godaan tanpa menyadari bahwa engkau dalam bahaya. Ada bagian dalam dirimu yang bersemangat, siap untuk melakukan apa pun di dalam Allah. Tetapi ada bagian lain yang malas seperti anjing tua yang tidur di dekat api."

**pukul 6 pagi** , saat kami berdoa dan berjaga, biarlah setiap serangan malam yang menghambat kemajuan kami dicegah.

**Pukul 9 pagi** saya menerima anugerah untuk kewaspadaan terhadap serangan halus, kelelahan spiritual, dan perlawanan yang tak terlihat.

**12 siang** Setiap Sanballat dan Tobiah yang berbicara menghina pembangunan kembali ilahi, hendaklah dibungkam.

**Pukul 3 sore,** biarkan setiap jebakan yang dipasang pada jam-jam tersembunyi terungkap sebelum jebakan tersebut berkembang menjadi kerusakan.

**Jam 6 sore** Tuhan, bekali umat-Mu dengan kebijaksanaan, keberanian, dan kewaspadaan yang disiplin.

**Pukul 9 malam,** saya nyatakan bahwa penentangan tidak akan menghentikan pembangunan, doa, atau penggenapan nubuat.

**Pukul 12 tengah malam,** setiap transaksi tengah malam yang merugikan rumah tangga, tugas, dan panggilan saya, dibatalkan oleh darah Yesus.

**Ya** Tuhan, tegakkanlah penjagaan dan berikanlah kami kemenangan atas segala perlawanan di musim ini.

# Hari ke-37 - Pembebasan Teritorial dan Bantuan Malaikat

**Ayat-ayat Alkitab:** Mazmur 91:11-13; Kisah Para Rasul 12:7-10

Mazmur 91:11-13
Versi King James Baru
11 Karena Ia akan memerintahkan malaikat-malaikat-Nya
untuk menjagamu,
untuk melindungimu di segala jalanmu.
12 Mereka akan mengangkatmu di tangan mereka, *supaya* kakimu
tidak terantuk batu.
13 Engkau akan menginjak singa dan ular kobra,
singa muda dan ular akan kau injak-injak.

Kisah Para Rasul 12:7-10
Versi King James Baru
7 Lihatlah, seorang malaikat Tuhan berdiri di sampingnya ,
dan cahaya bersinar di dalam penjara; lalu malaikat itu
memukul Petrus di sisinya dan membangunkannya, sambil
berkata, "Bangunlah segera!" Dan rantai yang mengikat
tangannya terlepas . 8 Kemudian malaikat itu berkata kepadanya,
"Kenakan ikat pinggangmu dan pakailah sandalmu"; maka
Petrus pun melakukannya. Lalu malaikat itu berkata
kepadanya, "Kenakan jubahmu dan ikutilah Aku." 9 Maka ia
keluar dan mengikuti Dia, dan ia tidak tahu bahwa apa yang
dilakukan malaikat itu nyata, tetapi ia mengira sedang melihat
penglihatan. 10 Setelah mereka melewati pos penjaga pertama
dan kedua, mereka sampai di gerbang besi yang menuju ke
kota, yang terbuka dengan sendirinya; lalu mereka keluar dan
berjalan menyusuri satu jalan, dan seketika itu juga malaikat
itu pergi darinya.

Mazmur 91:11-13
Pesan
**91** 1-13 Hai kamu yang duduk di hadapan Allah Yang Mahatinggi,
bermalamlah di bawah naungan Shaddai, Katakanlah ini:
"Allah, Engkau adalah tempat perlindunganku.
Aku percaya kepada-Mu dan aku aman!"
Benar—Ia menyelamatkanmu dari jebakan tersembunyi, melindungimu dari bahaya yang mematikan. Lengan-lengan-Nya yang besar dan terentang melindungimu—di bawahnya kamu benar-benar aman; Lengan-Nya menangkis segala bahaya. Jangan takut akan apa pun—bukan serigala liar di malam hari, bukan panah yang beterbangan di siang hari, bukan penyakit yang berkeliaran di kegelapan, bukan bencana yang meletus di tengah hari bolong. Meskipun orang lain berjatuhan di sekitarmu, berguguran seperti lalat di kanan dan kiri, tidak ada bahaya yang akan menyentuhmu. Kau akan berdiri tanpa terluka, menyaksikan semuanya dari kejauhan, menyaksikan orang jahat berubah menjadi mayat. Ya, karena Tuhan adalah tempat perlindunganmu, Tuhan Yang Maha Tinggi adalah rumahmu sendiri, kejahatan tidak dapat mendekatimu, bahaya tidak dapat menembus pintu. Dia memerintahkan malaikat-malaikat-Nya untuk menjagamu ke mana pun kau pergi. Jika kau tersandung, mereka akan menangkapmu; tugas mereka adalah mencegahmu jatuh. Kau akan berjalan tanpa terluka di antara singa dan ular, dan menendang singa muda dan ular dari jalan.

Kisah Para Rasul 12:7-11
Pesan
7-9 Tiba-tiba ada seorang malaikat di sisinya dan cahaya menerangi ruangan. Malaikat itu mengguncang Petrus dan membangunkannya: "Cepat!" Borgol terlepas dari pergelangan tangannya. Malaikat itu berkata, "Berpakaianlah. Pakailah sepatumu." Petrus melakukannya. Kemudian, "Ambillah jubahmu dan mari kita pergi dari sini." Petrus

mengikutinya, tetapi tidak percaya bahwa itu benar-benar malaikat—ia mengira sedang bermimpi.

10-11 Melewati penjaga pertama dan kemudian penjaga kedua, mereka sampai di gerbang besi yang menuju ke kota. Gerbang itu terbuka dengan sendirinya di hadapan mereka, dan mereka berada di jalan, bebas seperti angin sepoi-sepoi. Di persimpangan pertama, malaikat itu meninggalkannya, pergi ke jalannya sendiri. Saat itulah Petrus menyadari bahwa itu bukanlah mimpi. "Aku tidak percaya—ini benar-benar terjadi! Tuhan mengutus malaikat-Nya dan menyelamatkan aku dari rencana jahat Herodes dan tontonan yang dinantikan oleh massa Yahudi."

**6 pagi,** Bapa, perintahkan malaikat-malaikat-Mu untuk menjaga kami di segala jalan kami selama puasa ini dan seterusnya.

**Pukul 9 pagi,** saya nyatakan bahwa penindasan teritorial, serangan terkoordinasi, dan intimidasi tak terlihat tidak akan menang.

**Pukul 12 siang,** biarkan cahaya memasuki tempat-tempat penjara, ruang-ruang tersembunyi, dan wilayah-wilayah terlarang yang telah dikuasai kegelapan.

**Pukul 3 sore** Setiap gerbang besi yang menghalangi musim kita berikutnya, terbuka atas perintah ilahi.

**Jam 6 sore** , Tuhan, lepaskanlah belenggu dari para pemimpin, pendoa syafaat, keluarga, dan wilayah yang ditahan dalam penawanan berkepanjangan.

**Pukul 9 malam** aku akan menginjak singa, ular berbisa, ular berbisa lainnya, dan setiap operasi berbisa musuh.

**Pukul 12 tengah malam.** Biarkan pengawal malaikat menemani tugas-tugas kerajaan dan menggagalkan serangan mendadak setan.

**Jam 3 pagi** Ya Tuhan, jadikanlah keselamatan itu nyata, dapat dirasakan, dan tak terbantahkan di tengah-tengah kami.

# Hari ke-38 - Panen, Tempat-tempat yang Subur, dan Pemulihan

**Ayat-ayat Alkitab:** Yesaya 60:5-7; Mazmur 66:12

Yesaya 60:5-7
Versi King James Baru
5 Maka engkau akan melihat dan berseri-seri,
dan hatimu akan meluap dengan sukacita; karena kekayaan
laut akan beralih kepadamu, kekayaan bangsa-bangsa lain
akan datang kepadamu.
6 Banyak unta akan memenuhi *negerimu,*
unta-unta dari Midian dan Efah; semua orang dari Syeba akan
datang; mereka akan membawa emas dan kemenyan, dan
mereka akan memberitakan pujian kepada Tuhan.
7 Semua kawanan domba Kedar akan dikumpulkan
kepadamu,
domba jantan Nebaiot akan melayani engkau;
mereka akan naik dengan diterima ke atas mezbah-Ku, dan
Aku akan memuliakan rumah kemuliaan-Ku.

Mazmur 66:12
Versi King James Baru
12 Engkau telah menyebabkan manusia menindas kami;
*Kami* telah melewati api dan air; Tetapi Engkau membawa
kami keluar kepada kegenapan yang berlimpah .

Yesaya 60:5-7
Pesan
**Orang-orang yang Kembali untuk Reuni**
**60** 1-7 "Bangunlah, Yerusalem!
Bangunlah. Hadapkan wajahmu ke sinar matahari. Kemuliaan Allah yang terang telah terbit bagimu. Seluruh bumi diselimuti kegelapan, semua orang tenggelam dalam kegelapan yang pekat, tetapi Allah terbit atasmu, kemuliaan fajar-Nya menyinarimu. Bangsa-bangsa akan datang kepada terangmu, raja-raja kepada kecemerlangan mataharimu. Pandanglah ke atas! Lihatlah sekeliling! Perhatikanlah mereka berkumpul, perhatikanlah mereka mendekatimu: anak-anakmu datang dari tempat yang jauh, anak-anak perempuanmu digendong oleh pengasuh mereka. Ketika engkau melihat mereka datang, engkau akan tersenyum—senyum lebar! Hatimu akan membengkak dan, ya, meledak! Semua orang itu kembali melalui laut untuk reuni, panen besar orang-orang buangan yang dikumpulkan dari bangsa-bangsa! Dan kemudian iring-iringan kafilah unta sejauh mata memandang, unta-unta muda dari kaum nomaden di Midian dan Efah, mengalir dari selatan dari Syeba, sarat dengan emas dan kemenyan, memberitakan pujian kepada Allah. Dan ya, pengumpulan besar kawanan ternak dari kaum nomaden di Kedar dan Nebaioth ,
hadiah selamat datang untuk penyembahan di altar-Ku saat Aku memandikan Bait Suci-Ku yang mulia dalam kemegahan.
Mazmur 66:12
Pesan
8-12 Pujilah Allah kita, hai bangsa-bangsa!
Sambutlah Dia dengan gemuruh! Bukankah Dia telah menuntun kita ke jalan kehidupan? Bukankah Dia telah menjaga kita dari jurang? Dia melatih kita terlebih dahulu, melenyapkan kita seperti perak melalui api pemurnian, membawa kita ke negeri yang keras,
mendorong kita hingga batas kemampuan kita, menguji kita dari dalam dan luar, membawa kita ke neraka dan kembali; akhirnya Dia membawa kita ke tempat yang subur ini.

**6 pagi,** Bapa, bawalah kami ke tempat kelimpahan kami setelah musim-musim tekanan, pemangkasan, dan peperangan.

**9 pagi** Perintahkan kekayaan darat dan laut untuk menuruti tujuan kerajaan dan pengelolaan yang benar.

**12 siang** Setiap penghalang di gerbang panen, singkirkanlah dengan kuasa Yesus Kristus.

**Pukul 3 sore.** Biarlah tahun-tahun yang terbuang, kesempatan yang tertunda, dan keuntungan yang dicuri dipulihkan dengan peningkatan.

**Jam 6 sore** , Tuhan, kumpulkan sumber daya untuk misi, belas kasihan, pemuridan, dan dampak bagi generasi mendatang.

**Pukul 9 malam,** saya tetapkan bahwa panen tidak akan mati di ladang dan perbekalan tidak akan gagal di perjalanan.

**Pukul 12 tengah malam.** Biarlah bangsa-bangsa membawa harta benda mereka untuk melayani agenda penebusan Allah.

**Ya** Tuhan, mahkotai musim ini dengan pemulihan yang nyata, peningkatan yang sesuai hukum, dan kesaksian.

# Hari ke-39 - Tujuh Gunung di Bawah Kekuasaan Kristus

**Ayat Suci:** Matius 6:10; Wahyu 11:15

Matius 6:10
Versi King James Baru
10 Datanglah Kerajaan-Mu,
jadilah kehendak-Mu di bumi seperti *di* surga.

Wahyu 11:15
Versi King James Baru
**Terompet Ketujuh: Kerajaan Diproklamasikan**
15 Kemudian malaikat ketujuh meniup terompetnya: Dan terdengar suara-suara nyaring di surga, berkata: " Kerajaan kerajaan dunia ini telah menjadi kerajaan *Tuhan* kita dan Kristus-Nya, dan Ia akan memerintah selama-lamanya!"

Matius 6:10-13
Pesan
7-13 "Dunia ini penuh dengan orang-orang yang mengaku sebagai pejuang doa yang sebenarnya tidak mengerti doa. Mereka penuh dengan rumus, program, dan nasihat, menjajakan teknik untuk mendapatkan apa yang Anda inginkan dari Tuhan. Jangan tertipu oleh omong kosong itu. Ini adalah Bapa Anda yang sedang Anda hadapi, dan Dia lebih tahu daripada Anda apa yang Anda butuhkan. Dengan Tuhan seperti ini yang mengasihi Anda, Anda dapat berdoa dengan sangat sederhana. Seperti ini:
Bapa kami di surga,
Nyatakan siapa Engkau. Perbaiki dunia; Lakukan yang terbaik—seperti di atas, begitu pula di bawah. Jagalah kami tetap hidup dengan tiga kali makan sehari.
Jagalah agar kami tetap diampuni oleh-Mu dan mengampuni

sesama.
Jagalah kami dari diri kami sendiri dan Iblis. Engkau yang berkuasa! Engkau dapat melakukan apa pun yang Engkau inginkan! Engkau bersinar dalam keindahan! Ya. Ya. Ya.

Wahyu 11:15-18
Pesan
**Bunyi Sangkakala Terakhir**
15-18 Malaikat ketujuh meniup terompetnya. Suara-suara di surga bergemuruh semakin keras,
Kerajaan dunia kini adalah
Kerajaan Allah kita dan Mesias-Nya! Ia akan memerintah selama-lamanya!
Kedua puluh empat penatua yang duduk di hadapan Tuhan di atas takhta mereka berlutut, menyembah, dan bernyanyi,
Kami mengucap syukur kepada-Mu, ya Allah, Yang Mahakuasa,
Yang Ada dan Yang Telah Ada. Engkau mengambil kuasa-Mu yang besar dan berkuasa! Bangsa-bangsa yang murka kini merasakan murka- *Mu* .
Waktunya telah tiba untuk menghakimi orang mati, untuk memberi pahala kepada hamba-hamba-Mu, semua nabi dan orang kudus, memberi pahala kepada orang kecil dan besar yang takut akan Nama-Mu, dan membinasakan para perusak bumi.

**6 pagi,** Bapa, datanglah kerajaan-Mu dan jadilah kehendak-Mu di seluruh bidang agama, keluarga, pendidikan, pemerintahan, media, seni, dan bisnis.

**Pukul 9 pagi,** saya nyatakan bahwa setiap gunung pengaruh manusia akan tunduk kepada pemerintahan Yesus Kristus.

**Pukul 12 siang,** setiap takhta kegelapan yang menduduki sektor-sektor strategis, hendaklah diguncang dan disingkirkan.

**Pukul 3 sore.** Biarlah para pembaharu, pembangun, pendoa syafaat, dan pemimpin yang saleh ditempatkan di setiap bidang.

**Jam 6 sore** , Tuhan, selaraskan doa, nubuat, strategi, dan tindakan untuk transformasi wilayah.

**Pukul 9 malam** saya nyatakan bahwa tidak ada gunung yang terlalu ditaklukkan untuk ditebus dan tidak ada sistem yang terlalu keras untuk diganggu oleh campur tangan ilahi.

**Pukul 12 tengah malam.** Biarlah suara surga mengalahkan suara Babel di setiap ruang budaya dan sipil.

**Tuhan** , klaimlah tujuh gunung itu untuk kemuliaan-Mu dan tegakkanlah kesaksian kerajaan-Mu yang kekal di bumi.

# Hari ke-40 - Ucapan Syukur, Penyegelan, dan Penugasan

**Ayat-ayat Alkitab:** Mazmur 126:1-6; Ibrani 7:25

Mazmur 126

Versi King James Baru
**Kembali dengan Penuh Sukacita ke Sion**
**Sebuah Nyanyian Pendakian.**
**126** Ketika Tuhan memulihkan [a] tawanan Sion,
kami seperti orang yang bermimpi.
2 Kemudian mulut kami penuh dengan tawa,
dan lidah kami dengan nyanyian. Lalu mereka berkata di antara [b] bangsa-bangsa,
"Tuhan telah melakukan hal-hal besar bagi mereka."
3 Tuhan telah melakukan hal-hal besar bagi kami,
*dan* kami bersukacita.
4 Kembalikan kami dari penawanan, ya Tuhan,
seperti aliran sungai di selatan.
5 Orang yang menabur dengan air mata
akan menuai dengan sukacita.
6 Orang yang senantiasa pergi dengan menangis, membawa benih untuk ditabur,
pasti akan kembali dengan sukacita,
membawa berkas- berkas hasil panennya.

Ibrani 7:25
Versi King James Baru
25 Oleh karena itu, Ia juga mampu menyelamatkan [a] sepenuhnya orang-orang yang datang kepada Allah melalui Dia, karena Ia selalu hidup untuk menjadi perantara bagi mereka.

Mazmur 126
Pesan
**126** 1-3 Rasanya seperti mimpi, terlalu indah untuk menjadi kenyataan,
ketika Allah mengembalikan orang-orang buangan Sion.
Kami tertawa, kami bernyanyi, kami tidak percaya akan keberuntungan kami. Kami menjadi buah bibir bangsa-bangsa— " Allah sungguh luar biasa bagi mereka!"
Allah *sungguh* luar biasa bagi kami;
kami adalah bangsa yang berbahagia.
4-6 Dan sekarang, ya Tuhan, lakukanlah lagi—
turunkanlah hujan ke dalam hidup kami yang dilanda kekeringan, sehingga mereka yang menanam tanaman mereka dengan putus asa akan berseru "Ya!" pada saat panen,
sehingga mereka yang pergi dengan hati yang berat akan pulang dengan tertawa, membawa berkat yang melimpah.

Ibrani 7:25
Pesan
23-25 Dahulu ada banyak imam, karena mereka mati dan harus digantikan. Tetapi imamat Yesus bersifat kekal. Ia ada di sana dari sekarang sampai selama-lamanya untuk menyelamatkan setiap orang yang datang kepada Allah melalui Dia, selalu siap sedia untuk membela mereka.

**6 pagi** Bapa, kami bersyukur kepada-Mu karena jerih payah kami dalam doa tidak sia-sia dan benih kami akan kembali dengan panen.

**Pukul 9 pagi,** kami memuji Yesus Kristus, Pengantara abadi kita, yang selalu hidup untuk menjadi perantara bagi kita.

**Pukul 12 siang** saya menyegel setiap jawaban, terobosan, pembebasan, dan transaksi ilahi yang tercapai selama puasa ini.

**Pukul 3 sore.** Semoga apa yang dikandung dalam doa terpelihara dari pencurian, kerusakan, dan kehilangan sebelum waktunya.

**Jam 6 sore** , Tuhan, utuslah kami dari puasa ini dengan urapan yang baru, visi yang jelas, dan otoritas yang telah teruji.

**Pukul 9 malam,** saya nyatakan bahwa musim ini akan menghasilkan doa yang berkelanjutan, bukan semangat sementara; menghasilkan buah yang abadi, bukan emosi sesaat.

**Pukul 12 tengah malam.** Biarlah kesaksian tentang penyembuhan, keselamatan, pemulihan, penyediaan, dan reformasi bertambah banyak setelah puasa ini.

**Jam 3 pagi** Ya Tuhan, sempurnakanlah apa yang telah Engkau mulai di dalam kami, melalui kami, dan di sekeliling kami, dan biarlah kemuliaan itu hanya milik-Mu.

# Kesimpulan

## Berdiri Setia di Celah

Selama empat puluh hari doa dan puasa ini, umat percaya dengan sengaja memposisikan diri mereka di hadapan Tuhan atas nama Gereja, para pemimpin, dan bangsa-bangsa.

Doa syafaat bukanlah sekadar kata-kata yang diucapkan dalam doa. Ini tentang berdiri di antara surga dan bumi, percaya bahwa tujuan Allah dapat mengubah kehidupan, komunitas, dan seluruh bangsa.

Nabi Yehezkiel mencatat isi hati Tuhan ketika Dia berfirman:

"Aku mencari seorang di antara mereka yang akan membangun tembok dan berdiri di celah di hadapan-Ku untuk negeri itu." (Yehezkiel 22:30)

Undangan ini masih berlaku hingga hari ini.

Allah terus mencari orang-orang yang mau berdoa—bukan hanya untuk kebutuhan pribadi mereka, tetapi juga untuk takdir Gereja dan masa depan bangsa-bangsa.

Selama dua puluh tahun, masa jaga empat puluh hari ini—dari **tanggal 17 Maret hingga 25 April** —telah diperingati sebagai masa khusus untuk doa syafaat. Apa yang dimulai sebagai seruan pribadi untuk berdoa telah menjadi beban bersama yang dipikul oleh orang-orang percaya yang menyadari pentingnya berdoa untuk bimbingan rohani dunia kita.

Melalui doa-doa ini kita memohon kepada Tuhan untuk menguatkan Gereja-Nya, membimbing para pemimpin dengan hikmat dan kebenaran, dan menarik banyak orang yang belum pernah mengenal-Nya kepada perjumpaan yang menyelamatkan dengan Yesus Kristus.

Doa-doa dalam buku ini bukanlah akhir dari permohonan syafaat. Ini adalah permulaan.

Seruan untuk berdiri di garis depan terus berlanjut melampaui empat puluh hari ini.

Keluarga-keluarga membutuhkan doa.

Gereja-gereja membutuhkan doa.

Masyarakat membutuhkan doa.

Bangsa-bangsa membutuhkan doa.

Dan tujuh bidang pengaruh—agama, keluarga, pendidikan, pemerintahan, media, seni dan budaya, serta bisnis—membutuhkan orang-orang percaya yang akan secara konsisten mencari hikmat dan campur tangan Tuhan.

Saat Anda mengakhiri masa jaga empat puluh hari ini, ingatlah bahwa Roh Kudus terus membimbing doa-doa umat Allah. Yesus Kristus sendiri menjadi perantara di hadapan Bapa, dan orang-orang percaya di mana pun diundang untuk bergabung dalam pelayanan suci itu.

Semoga Tuhan menguatkan komitmen Anda dalam berdoa.

Semoga hidupmu tetap menjadi bait suci yang hidup tempat Roh Allah berdiam.

Semoga suaramu terus berkumandang di hadapan surga atas nama Gereja dan bangsa-bangsa.

Semoga Kerajaan Allah maju di setiap bidang pengaruh manusia.

Pesan itu tetap jelas:

**Berdirilah di garis depan.**
**Berdoalah tanpa henti. Percayalah akan transformasi bangsa-bangsa.**

# Bergabunglah dengan Gerakan Doa Syafaat Global

## Seruan kepada 10 Juta Pendoa Syafaat

Tugas berdoa ini tidak dimaksudkan untuk dilakukan sendirian.
Tuhan sedang membangkitkan **sekelompok pendoa syafaat global** yang akan berdiri di celah bagi Gereja, bagi para pemimpin, dan bagi bangsa-bangsa.

Melalui buklet ini, umat percaya di seluruh dunia diundang untuk bergabung dalam **gerakan doa syafaat yang terus berkembang, yang terdiri dari lebih dari 10 juta pejuang doa** yang berkomitmen untuk mencari Tuhan demi transformasi bangsa-bangsa.

Anda diundang untuk terhubung dengan salah satu komunitas pembimbing kami dan terus bertumbuh dalam doa, pemuridan, dan pembentukan rohani.

**Terhubung dengan Komunitas Pemberdayaan Kami**
Bergabunglah dengan salah satu komunitas kami yang dinamis berdasarkan minat spiritual Anda.
**Gerakan 10 Juta – Komunitas yang Memperlengkapi Doa Syafaat**
Facebook
https://www.otakada.org/facebookintercessory

**Sekolah Roh Kudus – Komunitas Pemuridan**
Facebook
https://www.otakada.org/facebookholyghostschool

Telegram
https://t.me/holyghostschooldiscipleship

**10 Juta Pendoa Syafaat Memperlengkapi Komunitas**
WhatsApp
https://www.otakada.org/whatsappintercessory

**"Kita Bersatu di dalam Kristus Yesus"**
Komunitas WhatsApp God's Eagle Ministries (GEM)
Komunitas 1
https://www.otakada.org/whatsappcommunity1
Komunitas 2
https://www.otakada.org/whatsappcommunity2

**Kunjungi Toko Online Kami**
Jelajahi koleksi buku dan sumber daya Kristen inspiratif kami yang dirancang untuk membekali orang percaya dalam berdoa, menjadi murid, dan melayani Kerajaan Allah.
Belanja di sini
https://shop.otakada.org

**Sampai jumpa di sisi lain**
Pelayanan Elang Tuhan (GEM)
*Sebuah Komunitas untuk Akhir Zaman*
Situs web
https://www.otakada.org
Kirim email ke
ambassador@otakada.org
Dengan penuh rasa terima kasih,
**Panitia Penyambutan**

# AJAKAN UNTUK BERTINDAK

## Kemitraan untuk Panen

Saat Anda menutup buku ini, kami mengajak Anda untuk melanjutkan perjalanan selangkah lebih jauh—tidak hanya dalam hidup Anda sendiri, tetapi juga dalam kehidupan banyak jiwa di seluruh dunia.

Jika pesan-pesan dari God's Eagle Ministries (GEM) telah menguatkan, membangkitkan, atau menyelaraskan kembali hati Anda, kami dengan rendah hati meminta Anda untuk mempertimbangkan dengan penuh doa untuk **bermitra dengan kami demi panen jiwa** . Dunia haus akan kebenaran, harapan, dan suara Roh Kudus yang lembut namun tak salah lagi, dan bersama-sama kita dapat menyampaikan pesan-pesan ini di tempat yang paling membutuhkannya.

Kami percaya media lebih dari sekadar teknologi—media adalah **jaring spiritual** yang ditebar jauh ke dalam bangsa, desa, kota, dan tempat-tempat tersembunyi. Melalui film, video, radio, dan pelayanan digital, GEM menjangkau orang-orang yang mungkin tidak pernah masuk gereja, tetapi hati mereka terbuka lebar untuk bertemu dengan Kristus yang hidup.

Kemitraan Anda membantu kami:

**1. Menghasilkan Konten Film & Video yang Dipenuhi Roh Kudus**

Kisah dan ajaran yang menyembuhkan, menginspirasi, dan mengungkapkan kasih Yesus dengan cara yang jelas, mudah dipahami, dan mengubah hidup.

**2. Siarkan Injil melalui Radio**

Menyampaikan Firman Tuhan ke penjara, rumah sakit, komunitas pedesaan, dan tempat-tempat yang jauh dari jangkauan internet—di mana harapan langka dan kebenaran sangat berharga.

**3. Memperluas Kampanye Pengajaran & Pemuridan Kita Melalui Media Sosial**
Renungan harian, doa, dan pengajaran yang memperkuat orang percaya, memulihkan keluarga, dan memperlengkapi murid-murid di seluruh dunia.

# Mengapa Dukungan Anda Penting

Setiap pesan yang disampaikan menjadi benih terang. Setiap pengajaran menjadi riak transformasi. Setiap tindakan kemurahan hati menjadi bagian dari panen global Tuhan. Pemberian Anda membantu pelayanan ini menjangkau jiwa-jiwa yang mungkin tidak pernah kita temui di bumi, tetapi pasti akan kita temui di kekekalan. Tidak ada jumlah tetap—berikanlah hanya sesuai dengan tuntunan Tuhan. Setiap pemberian, besar atau kecil, berperan dalam memajukan Kerajaan Allah.

**Untuk Bermitra atau Memberi Sumbangan:**
**PayPal:**
https://www.paypal.com/ncp/payment/D6NEFW56KG8LU
**Tithe.ly:**
https://tithe.ly/give?c=308311

**Flutterwave –**
https://flutterwave.com/donate/bbkpkokehxlw

**Semua Jalur Pemberian Donasi:**
https://www.otakada.org/partnership-giving

Terima kasih atas dukungan Anda.
Terima kasih telah menabur benih dalam panen. Terima kasih telah membantu kami menyampaikan pesan Kristus kepada bangsa-bangsa.
Semoga Tuhan memberkati Anda dengan limpah, melimpahkan berkat kepada Anda dengan berlimpah-limpah, dan melipatgandakan setiap benih yang Anda tabur untuk kemuliaan-Nya.
Dalam nama Yesus yang perkasa, Amin.

**—Duta Besar Senin O. Ogbe , Zacharias Godseagle ; Kenyamanan Ladi Ogbe**
Pendiri, God's Eagle Ministries (GEM)
www.otakada.org

# Bagaimana Dilahirkan Kembali dan Memulai Hidup Baru Bersama Kristus

Mungkin Anda pernah berjalan bersama Yesus sebelumnya, atau mungkin Anda baru saja bertemu dengan-Nya melalui 40 hari ini. Tetapi saat ini, sesuatu di dalam diri Anda sedang bergejolak.

Kamu siap untuk lebih dari sekadar agama.

Kamu siap untuk **menjalin hubungan** .

Kamu siap untuk berkata, "Yesus, aku membutuhkan-Mu."

Inilah kebenarannya:

*"Karena semua orang telah berdosa; kita semua tidak mencapai standar kemuliaan Allah… namun Allah, dalam kasih karunia-Nya, dengan cuma-cuma mendamaikan kita di hadapan-Nya."*

— Roma 3:23-24 (NLT)

Anda tidak bisa mendapatkan keselamatan.

Anda tidak bisa memperbaiki diri sendiri. Tetapi Yesus telah membayar harga yang sepenuhnya — dan Dia menunggu untuk menyambut Anda pulang.

Bagaimana Cara Terlahir Kembali

Dilahirkan kembali berarti menyerahkan hidup Anda kepada Yesus — menerima pengampunan-Nya, percaya bahwa Dia telah mati dan bangkit kembali, serta menerima Dia sebagai Tuhan dan Juruselamat Anda.

Ini sederhana. Ini ampuh. Ini mengubah segalanya.

Ucapkan Doa Ini dengan Lantang:

**"Tuhan Yesus, aku percaya Engkau adalah Putra Allah. Aku percaya Engkau mati untuk dosa-dosaku dan bangkit kembali. Aku mengaku telah berdosa dan membutuhkan pengampunan-Mu. Hari ini, aku bertobat dan meninggalkan jalan lamaku. Aku mengundang Engkau masuk ke dalam hidupku untuk menjadi Tuhan dan Juruselamatku. Sucikan aku. Penuhi**

**aku dengan Roh-Mu. Aku menyatakan bahwa aku dilahirkan kembali, diampuni, dan bebas. Mulai hari ini dan seterusnya, aku akan mengikuti-Mu—dan aku akan hidup di jalan-Mu. Terima kasih karena telah menyelamatkanku. Dalam nama Yesus, amin."**

Langkah Selanjutnya Setelah Keselamatan

1. **Beritahu Seseorang** – Bagikan keputusan Anda dengan seseorang yang Anda percayai dan memiliki keyakinan yang sama.
2. **Temukan Gereja Berbasis Alkitab** – Bergabunglah dengan komunitas yang mengajarkan Firman Tuhan dan menghidupinya. Kunjungi pelayanan God's Eagle secara online melalui https://www.otakada.org atau https://chat.whatsapp.com/H67spSun32DDTma8TLh0ov
3. **Dapatkan Baptisan** – Ambil langkah selanjutnya secara terbuka untuk menyatakan iman Anda.
4. **Bacalah Alkitab Setiap Hari** – Mulailah dengan Injil Yohanes.
5. **Berdoalah Setiap Hari** – Berbicaralah kepada Tuhan sebagai seorang sahabat dan Bapa.
6. **Tetap Terhubung** – Kelilingi diri Anda dengan orang-orang yang mendukung langkah baru Anda.
7. **Mulailah proses pemuridan di dalam komunitas** – Kembangkan hubungan pribadi dengan Yesus Kristus melalui tautan-tautan ini.

Pelatihan Murid 40 Hari 1 - https://www.otakada.org/get-free-40-days-online-discipleship-course-in-a-journey-with-jesus/

40 Murid 2 - https://www.otakada.org/get-free-40-days-dna-of-discipleship-journey-with-jesus-series-2/

Momen Keselamatanku

**Tanggal** : ________________________

**Tanda tangan** : ____________________

*"Barangsiapa berada di dalam Kristus, ia adalah ciptaan baru; yang lama telah berlalu, yang baru telah datang!"*

— 2 Korintus 5:17

# Sertifikat Kehidupan Baru di dalam Kristus

***Pernyataan Keselamatan – Lahir Kembali oleh Anugerah***
Ini menyatakan bahwa

________________________________________

*(Nama Lengkap)*
telah menyatakan **imannya secara terbuka kepada Yesus Kristus**
sebagai Tuhan dan Juruselamat dan telah menerima karunia keselamatan cuma-cuma melalui kematian dan kebangkitan-Nya.
*"Jika kamu mengaku secara terang-terangan bahwa Yesus adalah Tuhan dan percaya dalam hatimu bahwa Allah telah membangkitkan Dia dari antara orang mati, maka kamu akan diselamatkan."*
— Roma 10:9 (NLT)
Pada hari ini, surga bersukacita dan sebuah perjalanan baru dimulai.

Tanggal Keputusan : ____________________________

Tanda tangan : __________________________________

Pernyataan Keselamatan
"Hari ini, aku menyerahkan hidupku kepada Yesus Kristus. Aku percaya Dia mati untuk dosa-dosaku dan bangkit kembali. Aku menerima Dia sebagai Tuhan dan Juruselamatku. Aku diampuni, dilahirkan kembali, dan dijadikan baru. Mulai saat ini, aku akan berjalan mengikuti jejak-Nya."
Selamat datang di Keluarga Allah!
Namamu tertulis dalam Kitab Kehidupan Anak Domba.
Kisahmu baru saja dimulai — dan itu abadi.

# TERHUBUNG DENGAN PELAYANAN ELANG TUHAN

- Situs web: www.otakada.org
- Seri Kekayaan Melampaui Kekhawatiran: www.wealthbeyondworryseries.com
- Email: ambassador@otakada.org

- **Dukung karya ini:**

Dukung proyek-proyek kerajaan, misi-misi, dan sumber daya global gratis melalui pemberian yang dipimpin oleh perjanjian.

**Pindai Kode QR untuk Memberi**

https://tithe.ly/give?c=308311

Kemurahan hati Anda membantu kami menjangkau lebih banyak jiwa, menerjemahkan sumber daya, mendukung misionaris, dan membangun sistem pemuridan di seluruh dunia. Terima kasih!

# Biografi Penulis

## Zacharias Godseagle

**Penulis • Guru • Pemimpin Visioner**

Zacharias Godseagle adalah seorang pengajar Firman yang penuh semangat dan suara yang bijaksana bagi Tubuh Kristus. Dengan karunia unik berupa wawasan spiritual, Zacharias melayani dengan kejelasan, kedalaman nubuat, dan keinginan yang membara untuk melihat orang percaya berjalan dalam kemurnian, kesalehan, dan penyerahan diri yang autentik kepada Kristus.

Sebagai rekan kerja dalam pelayanan God's Eagle Ministries (GEM), ia memainkan peran penting dalam membentuk konten pemuridan, pencerahan alkitabiah, dan penjangkauan berbasis media yang menyentuh kehidupan di berbagai ranah digital dan fisik. Tulisan-tulisannya berfokus pada transformasi batin, ketaatan, dan pemulihan Kristus ke takhta hati orang percaya.

Zacharias didorong oleh keyakinan sederhana: **ketika hati selaras, takdir pun selaras.**

Ia terus menjangkau khalayak di seluruh dunia melalui pengajaran, bimbingan, dan proyek-proyek kreatif yang dipenuhi Roh Kudus.

## Duta Besar Monday O. Ogbe

**Penulis • Komunikator Misionaris • Pendiri, God's Eagle Ministries (GEM)**

Duta Besar Monday Oreojo Ogwuojo Ogbe adalah pendiri **God's Eagle Ministries (GEM)** —sebuah misi global dengan mandat untuk "menghubungkan orang kepada Tuhan melalui Firman-Nya." Dikenal karena semangatnya yang besar untuk Doa Syafaat, kebenaran, penceritaan yang menyentuh hati, dan pengajaran profetik, ia melayani di berbagai negara melalui tulisan, podcasting, pembuatan film, penginjilan digital, dan pemuridan.

Dengan latar belakang kepemimpinan, media, dan misi, Duta Besar Monday membawa karunia lintas budaya yang bergema dari Afrika hingga Asia, Amerika, Eropa, dan Timur Tengah. Ajarannya membahas pertempuran tersembunyi dalam hati orang percaya—keserakahan, pergumulan identitas, kepuasan diri rohani, dan erosi halus keintiman dengan Tuhan.

Ia adalah penulis berbagai renungan, seri buku, dan pengajaran multimedia yang menjangkau jutaan orang melalui otakada.org dan platform digital GEM.

Pesan hidupnya sederhana namun mendalam:

**"Ketika Kristus berada di pusat, segala sesuatu yang lain akan menempati tempatnya yang semestinya."**

## Comfort Ladi Ogbe

**Penulis • Pendoa Syafaat • Rekan Sekerja dalam Pelayanan**

Comfort Ladi Ogbe adalah seorang penulis, pendoa syafaat, dan rekan kerja dalam penugasan Kerajaan Allah di God's Eagle Ministries. Dikaruniai belas kasih, kebijaksanaan, dan semangat yang penuh perhatian, ia membawa kedalaman emosional dan landasan spiritual pada setiap proyek yang ia kerjakan.

Kontribusinya—seringkali di balik layar—membawa aroma kerendahan hati, kebijaksanaan, dan penyembuhan. Comfort melayani melalui konseling, doa, pemuridan, dan kolaborasi kreatif, terutama dalam karya-karya yang menekankan pemulihan keluarga, kedewasaan spiritual, dan transformasi hati.

Sebagai seorang penulis, ia menulis berdasarkan pengalaman hidup dan keyakinan spiritual, menawarkan kepada pembaca

kejelasan, kenyamanan, dan dorongan untuk mengejar kesempurnaan di dalam Kristus.
Comfort berkomitmen untuk membantu orang percaya mengalami Tuhan bukan hanya dalam pengetahuan, tetapi dalam kehidupan sehari-hari—di mana hati belajar untuk percaya, menyerah, dan berkembang.

Halaman Penulis:
https://www.amazon.com/stores/Zacharias-Godseagle/author/B0FCZ89D4K

# LAMPIRAN

## Lampiran A

## Model Doa Strategis 60 Menit

Model ini harus dipraktikkan setiap hari — bukan sesekali.

### 30 Menit — Ibadah

Fokuslah hanya pada siapa Tuhan itu:

- Yang Mulia
- Kedaulatannya
- Rahmat-Nya
- Keadilan-Nya
- Kewenangannya
- Kesetiaan-Nya

Tidak ada permintaan.
Tidak ada petisi. Hanya rasa hormat.

### 10 Menit — Nyatakan Kedaulatan-Nya

Nyatakan secara lisan:

- Tuhan mengatur hidupku.
- Tuhan mengatur keluarga saya.
- Tuhan mengatur panggilan hidupku.
- Tuhan mengatur lingkungan saya.
- Tuhan menguasai bangsaku.

Kewenangan diperkuat melalui deklarasi.

### 10 Menit — Pertobatan

Meneliti:

- Sikap
- Pidato
- Motif
- Kompromi tersembunyi
- Kemalasan spiritual

Akui secara spesifik.

## 10 Menit — Dekrit yang Selaras dengan Kerajaan

Nyatakan keselarasan berdasarkan Kitab Suci:

- Aku hidup dalam kekudusan.
- Saya hidup dengan disiplin.
- Aku bertahan dengan setia.
- Saya menyelesaikan tugas.
- Saya menolak mundur.

Jangan menetapkan ambisi yang egois.
Selaraskan dengan Kitab Suci.

# Lampiran B

## Panduan Reset Disiplin 7 Hari

Selama tujuh hari berturut-turut:

1. Satu jam penuh doa terstruktur tanpa gangguan setiap hari.
2. Bacalah satu Injil secara keseluruhan.
3. Audit integritas harian.
4. Tidak ada gosip, keluhan, atau berlebihan.
5. Setidaknya satu kali puasa yang disengaja.
6. Pengurangan noise digital.
7. Pengecekan akuntabilitas harian.

Sensitivitas dapat dipulihkan dalam tujuh hari.

# Lampiran C

## Templat Perjanjian Kesetiaan Pribadi

Tulis ini dengan tulisan tangan Anda sendiri.

**PERJANJIAN SETIA PRIBADI**

Saya, ______________________________,
menyatakan kesetiaan penuh dan eksklusif saya kepada Yesus Kristus.
Aku menolak kesetiaan yang terpecah.
Aku menolak kompromi tersembunyi. Aku berkomitmen pada kekudusan dalam kehidupan pribadi dan publik. Aku berkomitmen pada doa yang disiplin. Aku berkomitmen pada kesetiaan yang teguh. Aku menerima tugas ilahi-ku. Aku menolak pengunduran diri.
Aku mengikat perjanjian ini di hadapan Tuhan.
Tanda tangan: ___________________________
Tanggal: _____________________________

# BERKAT PASTORAL TERAKHIR

Semoga kesetiaanmu tak tergoyahkan.
Semoga kedisiplinanmu konsisten. Semoga kesucianmu melindungi masa depanmu. Semoga daya tahanmu melampaui intensitas. Semoga tugasmu terpenuhi. Semoga tak ada peluru, pengkhianatan, kekecewaan, kemunafikan, dan bisikan untuk kembali yang menarikmu kembali.
Semoga Anda dapat menyelesaikan perlombaan Anda.
Semoga surga bersukacita atasmu.
Teruskan saja.

# BUKU & SUMBER DAYA YANG DIREKOMENDASIKAN

**Aku Melihat Api dari Surga**
**Dari Jihad ke Yesus - Kesetiaan di Bawah Tekanan**

**Seri Renungan 40 Hari | Buku 3**

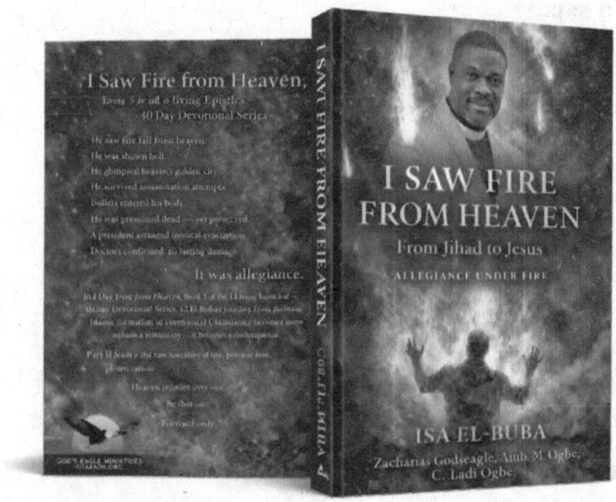


**Ebook –** https://shop.otakada.org/product/i-saw-fire-from-heaven-from-jihad-to-jesus-allegiance-under-fire-prophet-isa-el-buba-in-epub/

**Tautan Ebook Amazon :**
https://www.amazon.com/Saw-Fire-Heaven-Allegiance-Devotional-ebook/dp/B0GP9TGL2D

**Pesan melalui Ingramspark**
https://shop.ingramspark.com/b/084?params=L7sIm15JJC55NhWaeizvOlnnUVWZJdq7PISwLupgc8T

**CS Lewis (1898-1963) - Kekristenan Sederhana, Dihayati Sepenuhnya: Dari Pikiran yang Enggan Menuju**

**Kehidupan yang Transformed (Surat-surat Hidup - Seri Renungan 40 Hari | Buku 2)**

Ebook

https://www.amazon.com/Lewis-1898-1963-Mere-Christianity-Fully-ebook/dp/B0GKQ27F9N

Buku bersampul tipis
https://www.amazon.com/Lewis-1898-1963-Mere-Christianity-Fully/dp/B0GM8YMXC3

Sampul keras

https://www.amazon.com/Lewis-1898-1963-Mere-Christianity-Fully/dp/B0GM8WHXJL

Pesan melalui tautan ini -
https://shop.ingramspark.com/b/084?params=HEiG1mvNi
EtCSBrrX4PON2IomPPhR8L5aoQG6wcuKCT

**Santo Agustinus dari Hippo (354–430 M)**
**Dari Hati yang Gelisah Menuju Kehidupan Tertulis - Surat-surat Kehidupan – Seri Renungan 40 Hari – 1**

**Tautan Ebook Amazon -**
https://www.amazon.com/ST-AUGUSTINE-HIPPO-354-430-Devotional-ebook/dp/B0GJN8N9XS

**Tautan pemesanan buku paperback di Amazon -**
https://www.amazon.com/St-Augustine-Hippo-354-430-Devotional/dp/B0GJWTVLR6

**Ingramspark -**
https://shop.ingramspark.com/b/084?params=BZOOW3dj93aGEtBL2Fv1VY8wV1OQvA10dtZRDgk7Z9Z

PINDAI SAYA

**PEMBARUAN 7**
**Sembuhkan Jantung Rumah Anda dalam 7 Hari**
**Seri Pembaruan – Edisi Persatuan Keluarga**

Tautan ke Buku Paperback -
https://shop.ingramspark.com/b/084?params=htyfL002e1JzyEpZWkKtaXWF5FJ1jZFOjgiQKEfcbnw

Tautan ke Halaman Amazon Versi Cetak -
https://www.amazon.com/RENEWAL-Heal-Heart-Your-Renewal/dp/B0GD92153W

Tautan ke Ebook Amazon –

https://www.amazon.com/RENEWAL-Heal-Heart-Your-Renewal-ebook/dp/B0G91BMFND

PINDAI SAYA –

**Pembaruan 7: Sembuhkan Jantung Rumah Anda dalam 7 Hari**

***Seri Pembaharuan — Edisi Persatuan Keluarga***

**Tautan ke Buku Cetak -**
https://shop.ingramspark.com/b/084?params=nSEELv9oUsItOu5akVZlg4ycGbbmvlBOtSiqeOZr5yQ

**Tautan ke buku fisik di Amazon -**
https://www.amazon.com/RENEWAL-MARRIAGE-Heart-Marriage-Renewal/dp/B0GDC1YZJ7

**Tautan ke Ebook Amazon -**
https://www.amazon.com/RENEWAL-MARRIAGE-Heart-Marriage-Renewal-ebook/dp/B0G6JXJWJL

**Takhta hati – 12 pertempuran yang harus kita menangkan**

**Ebook Amazon -**
https://www.amazon.com/THRONE-HEART-COVETOUSNESS-Counterfeit-CONTENTMENT-ebook/dp/B0G4SPFRY7

**Buku saku Amazon -**
https://www.amazon.com/THRONE-HEART-

COVETOUSNESS-Counterfeit-CONTENTMENT/dp/B0G4TKW1ND

**Buku bersampul tipis dari Ingramspark -** https://shop.ingramspark.com/b/084?params=a75LJXtvvI63VnzeQPleQTkAJWfu8CPQV6l5Oe31D80

# 4 Khotbah dalam 1 oleh Zacharias Godseagle dengan tautan Audio

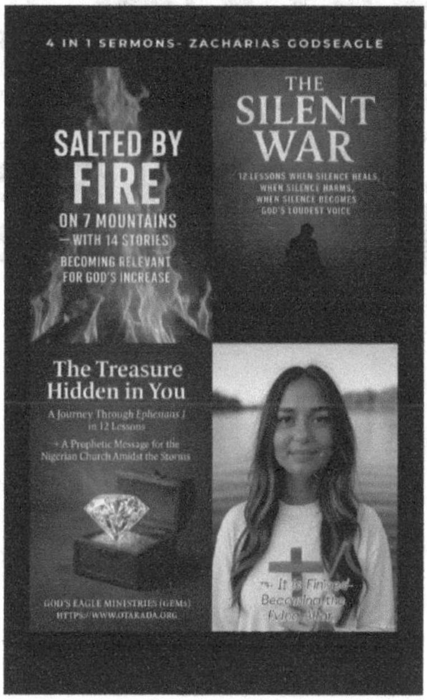


Ebook Amazon - https://www.amazon.com/Sermons-Zacharias-Godseagle-Audio-links-ebook/dp/B0G4XCH4TW

Buku saku Amazon - https://www.amazon.com/Sermons-Zacharias-Godseagle-Audio-links/dp/B0G4TK4XGT

Link Ingram Spark versi buku saku - https://shop.ingramspark.com/b/084?params=nK2JERskkbhdAOSNseTUNRhaCFqUPZuhB4uYfqrXvGb

THE LOGOS PROTOCOL SERIES | 1
PILGRIM CODE
AI AWAKENING
A prophetic sci-fi thriller where faith collides with artificial intelligence, and light wars against the code.
ZACHARIAS GODSEAGLE
AMBASSADOR MONDAY O. OGBE
COMFORT LADI OGBE

*Ebook* - https://www.amazon.com/Logos-Protocol-Awakening-artificial-intelligence-ebook/dp/B0FXNQFSWZ

*Buku saku* - https://www.amazon.com/Logos-Protocol-Awakening-artificial-intelligence/dp/B0FXNGR66D

*Buku sampul keras* - https://www.amazon.com/Logos-Protocol-Awakening-artificial-intelligence/dp/B0FZNTQR6Y

Buku saku Ingramspark - https://shop.ingramspark.com/b/084?params=QkK4aNYTYO9U5z9uOkdHgc7Ue1eGDLqbb1tz9WRPaSk

# Mengapa Pembebasan Gagal - dan Bagaimana Api Allah Memulihkan Jiwa: 40 Pernyataan Harian untuk Pembebasan Menyeluruh

**Ebook** - https://www.amazon.com/Why-Deliverance-Fails-Declarations-All-Round-ebook/dp/B0FW74L4G4

**Buku saku** - https://www.amazon.com/Why-Deliverance-Fails-Declarations-All-Round/dp/B0FWB3LXRM

**Diselamatkan tetapi Tersesat – Mualaf yang Tidak Didisiplinkan – diterjemahkan ke dalam 25 bahasa**

**Buku bersampul tipis**
https://shop.ingramspark.com/b/084?params=iYNB6S3PLMfREpm0jMM15bMe3BvWlkjcYyLYnHVGAds
**Ebook** - https://www.amazon.com/SAVED-BUT-LOST-UNDISCIPLED-heartbreak-ebook/dp/B0FVJ29DF7

**7 HARI PEPERANGAN ROHANI & PEMULIHAN - ini Bagian 1**

**Mengikat Musuh, Membalas Panah Tujuh Kali Lipat, dan Memulihkan Takdirmu**

https://shop.ingramspark.com/b/084?params=8mPzqUl73Ex7uPyeO7ydyt8EGkkB6u2gX1jZvWU8j1C

**Tautan e-book -** https://www.amazon.com/DAYS-SPIRITUAL-WARFARE-RECOVERY-Returning-ebook/dp/B0FMPJM5KZ

**7 HARI PEPERANGAN ROHANI & PEMULIHAN - Bagian 2 - Mengukuhkan Kemenangan, Menghancurkan Kejahatan Rumah Tangga, dan Memelihara Takdir Anda yang Dipulihkan**

**Buku bersampul tipis -**
https://shop.ingramspark.com/b/084?params=LkpNmGSsApHhWhiSO7bW3wFmcXQKIO4ZEBeSbP5rL1S

**Ebook -** https://www.amazon.com/DAYS-SPIRITUAL-WARFARE-RECOVERY-Wickedness-ebook/dp/B0FR9YCMY8

**DARI KEGELAPAN MENUJU KEKUASAAN: 40 Hari untuk Membebaskan Diri dari Cengkeraman Kegelapan yang Tersembunyi**

**–**

**Renungan Global tentang Kesadaran, Pembebasan & Kekuatan - Untuk Individu, Keluarga, dan Bangsa yang Siap Merdeka**

**Buku bersampul tipis**

https://shop.ingramspark.com/b/084?params=aVgp21QfwJxNANkfMxIQ0yejuFCVY12KFr978SRkZUD

**Tautan Amazon -**

https://www.amazon.com/DARKNESS-DOMINION-Devotional-Awareness-Deliverance-ebook/dp/B0FLDH2Y67

- ***Terbebas dari Kuasa Kegelapan*** **(Buku Saku) —**
  - Beli di Sini | Ebook di Amazon

  - **Ulasan Teratas dari Amerika Serikat:**
    - **Pelanggan Kindle** : "Bacaan Kristen terbaik yang pernah ada!" (5 bintang)

Puji Yesus atas kesaksian ini. Saya sangat diberkati dan akan merekomendasikan setiap orang untuk membaca buku ini... Karena upah dosa adalah kematian, tetapi karunia Allah adalah hidup kekal. Shalom! Shalom!

- **Da Gster** : "Ini adalah buku yang sangat menarik dan agak aneh." (5 bintang)

Jika apa yang tertulis dalam buku itu benar, maka kita benar-benar jauh tertinggal dari apa yang mampu dilakukan musuh! ... Wajib dibaca bagi siapa pun yang ingin belajar tentang peperangan rohani.

- **Visa** : "Suka sekali buku ini" (5 bintang)

Ini sungguh mengejutkan... sebuah pengakuan jujur... Belakangan ini saya mencarinya di mana-mana untuk membelinya. Senang sekali bisa mendapatkannya dari Amazon.

- **FrankJM** : "Sangat berbeda" (4 bintang)

Buku ini mengingatkan saya betapa nyatanya peperangan rohani. Buku ini juga mengingatkan saya akan alasan mengapa kita harus mengenakan "Seluruh Perlengkapan Senjata Allah."

- **JenJen** : "Siapa pun yang ingin masuk Surga, bacalah ini!" (5 bintang)

Buku ini sangat mengubah hidup saya. Bersama dengan kesaksian John Ramirez, buku ini akan membuat Anda melihat iman Anda dengan cara yang berbeda. Saya sudah membacanya 6 kali!

- *Mantan Pemuja Setan: The James Exchange* (Buku Saku) — Beli di Sini | Ebook di Amazon

- ***KESAKSIAN SEORANG MANTAN PENGANUT SETAN DARI AFRIKA*** - *Pastor JONAS LUKUNTU MPALA* (Buku Saku) — Beli di Sini | Ebook di Amazon

- *Greater Exploits 14* (Buku Saku) — Beli di Sini | Ebook di Amazon

- *Out of the Devil's Cauldron* karya John Ramirez — Tersedia di Amazon
- *Dia Datang untuk Membebaskan Para Tawanan* karya Rebecca Brown — Temukan di Amazon

**Buku-buku lain yang diterbitkan oleh penulis – Lebih dari 1000 judul**

**Dikasihi, Dipilih, dan Utuh** : Perjalanan 30 Hari dari Penolakan menuju **Pemulihan** , diterjemahkan ke dalam 40 bahasa di dunia.

https://www.amazon.com/Loved-Chosen-Whole-Rejection-Restoration-ebook/dp/B0F9VSD8WL

https://shop.ingramspark.com/b/084?params=xga0WR16muFUwCoeMUBHQ6HwYjddLGpugQHb3DVa5hE

**Mengikuti Jejak-Nya — Tantangan WWJD 40 Hari:**
**Hidup Seperti Yesus dalam Kisah Nyata di Seluruh Dunia**

https://www.amazon.com/His-Steps-Challenge-Real-Life-Stories-ebook/dp/B0FCYTL5MG

https://shop.ingramspark.com/b/084?params=DuNTWS59IbkvSKtGFbCbEFdv3Zg0FaITUEylK49yLzB

**YESUS DI DEPAN PINTU:**
**40 Kisah yang Mengharukan dan Peringatan Terakhir Surga untuk Gereja-gereja MASA KINI**

https://www.amazon.com/dp/B0FDX31L9F

https://shop.ingramspark.com/b/084?params=TpdA5j8WPvw83glJ12N1B3nf8LQte2a1lIEy32bHcGg

JESUS AT THE DOOR
40 HEARTBREAKING STORIES AND HEAVEN'S FINAL WARNING TO TODAY'S CHURCHES
ZACHARIAS GODSEAGLE,
COMFORT LADI OGBE,
AMBASSADOR MONDAY O. OGBE

# KEHIDUPAN PERJANJIAN: 40 Hari Menjalani Berkat Ulangan 28

- https://www.amazon.com/dp/B0FFJCLDB5

**Kisah dari Orang Nyata, Ketaatan Nyata, dan Kenyataan Nyata**

https://shop.ingramspark.com/b/084?params=bH3pzfz1zdCOLpbs7tZYJNYgGcYfU32VMz3J3a4e2Qt

**Transformasi dalam lebih dari 20 bahasa**

## MENGENALNYA & MENGENALNYA: 40 Hari Menuju Penyembuhan, Pemahaman, dan Cinta Abadi

https://www.amazon.com/KNOWING-HER-HIM-Healing-Understanding-ebook/dp/B0FGC4V3D9

https://shop.ingramspark.com/b/084?params=vC6KCLoI7Nnum24BVmBtSme9i6k59p3oynaZOY4B9Rd

**LENGKAPI, BUKAN BERSAING:**
**Perjalanan 40 Hari Menuju Tujuan, Persatuan, dan Kolaborasi**

https://shop.ingramspark.com/b/084?params=5E4v1tHgeTqOOuEtfTYUzZDzLyXLee30cqYo0Ov9941

https://www.amazon.com/COMPLETE-NOT-COMPETE-Journey-Collaboration-ebook/dp/B0FGGL1XSQ/

**KODE KESEHATAN ILAHI - 40 Kunci Harian untuk Mengaktifkan Penyembuhan Melalui Firman dan Ciptaan Tuhan Buka Kekuatan Penyembuhan dari Tumbuhan, Doa, dan Tindakan Kenabian**

https://shop.ingramspark.com/b/084?params=xkZMrYcEHnrJDhe1wuHHYixZDViiArCeJ6PbNMTbTux

https://www.amazon.com/dp/B0FHJT42TK

**Buku-buku lainnya dapat ditemukan di halaman penulis**
https://www.amazon.com/stores/Ambassador-Monday-O.-Ogbe/author/B07MSBPFNX

www.ingramcontent.com/pod-product-compliance
Lightning Source LLC
LaVergne TN
LVHW032024041026
849517LV00008B/2732